どうせいつか死ぬ

僕には僕にしか伝えられないことがある

辻敬太
Keita Tuji

はじめに

この本は自分の名刺変わりだとかに出したんじゃない。

批判覚悟で思っていることを、綺麗事なしに真っ直ぐに言わせていただく。

こんな三二歳のクソガキでも、たくさんの大人に言いたいことが山ほどある。


何かに挑戦したとき、しんどいだとか苦しいだとか言う人がいる。もちろん、その気持ちは身に染みるほど分かる。

人は何かに挑戦したとき、必ず批判する奴がいる。

バカにする奴もいれば、鼻で笑う奴もいる。

だけど、よく考えてみてくれ。バカにされたり、人に笑われるぐらいのことに挑戦しないと何も変わらない。

人は自分が挑戦しないことに対して、挑戦している人を見ると批判する。

そりゃそうだ。

挑戦して成功でもされたときには、自分の考えが間違っていたということが証明されるからだ。だから批判するし、邪魔もする。

批判する人たちは批判する人たちで自分を正当化したがるのだ。


そもそも周りから批判や邪魔をされて諦めたり、ブレたりするぐらいの夢なら最初からやらない方がマシだ。どうせ批判する人たちはどこまでいっても批判し続ける。

大切なのは批判されないことではないということ、一番恐れないといけないこと、それはその人たちから名前を忘れ去られることだ。


僕たちは人の人生を生きているんじゃない。

人生は一つのドラマだ。そう、それは自分が主役のドラマ。

いつの間にか、日々を生きる中で自分の人生、自分が主役なことを忘れ、周りの目を気にして生きる。

この本を今、手に取ってくださり、読んでいただく皆様にはその生き方はやめてもらいたい。

人間は生まれた瞬間から全員が決まっていることがある。
赤ちゃんとして生まれ、オギャーと泣いた瞬間から、いつかくたばるということ。
どんなにお金を手に入れても、どんなに地位や名誉を手に入れても、どんなに綺麗な女性とお付き合いしても、人間いつか死ぬ。
天国には何一つ持っていけない。

だから僕は生き方よりも死に方を決めている。

どうせ、いつか死ぬ。
僕には僕にしか伝えられないことがある。

二〇二一年四月七日　辻 敬太

目次

あの日の失敗を
今日、正当化しにきた

一つ最初に謝らないといけないことがある。

それは僕の第二の著書『人生巻き込んだ者勝ち』を購入して、読んでいただいた皆様に正直にお話ししたいと思う。

『人生巻き込んだ者勝ち』を発売告知したのは、ちょうど一年前の今日だった。世界中が新型コロナウイルスという見えない敵と戦い、向き合わないといけない真っただ中、緊急事態宣言が出された日だった。

そんな状況の下、最終の編集をしていく中で全く集中することができず、そして、何よりも自分自身の会社の存続の危機に立たされ、自信を過信なのかと疑ってしまった瞬間、自信のある発言を全て赤線を引いて消した。

今まで自信だけで成り上がってきた僕が、自分の自信を初めて過信と疑った。

だからと言って、ここで謝るだけで終わるつもりはさらさらない。

僕の人生はそもそも負けから始まった。物心がついた頃には父親はいなかった。決して生まれつきお金持ちの裕福な家庭ではなかった。

それどころかとても貧乏な家に生まれた。

母親は毎日必死に朝から夜まで働いて、僕ら兄弟二人を必死に育ててくれたが、小さい頃の自分たちからしたら、そこの愛情は正直感じ取れなかった。

授業参観日や運動会にはいつも父親どころか母親の姿もなかった。

今思うと自分の身を削って働き、僕たち兄弟にご飯を食べさせるのに必死だった母親に、感謝してもしきれないほどの愛情を注いでもらっていたと大人になって気付いた。


そんな僕は母親とも会う時間がない中で、おじいちゃん、おばあちゃんに育ててもらった。大好きだったおばあちゃんも僕が小学生のとき、おじいちゃんも僕が社会に出てすぐに亡くなった。

小さな頃はその分グレて問題児だった。でも、どんなときも母親は味方してくれた。母親の話はこの後じっくりとさせていただく。

そんな僕の唯一の夢、プロ野球選手になることも大学生のときに厳しさを思い知らされ、結局、失敗、敗北に終わった。

地位も名誉もお金も大したことない僕に今できること、それをひたすら考えた。出た答えは、人に惚れてもらうことだった。

人よりも異常なくらい挑戦してる僕は、もちろん人よりも失敗が多い。その分、バカにされ笑われてきた。

ただ、唯一胸を張って言えるのが、失敗を失敗で終わらせたことはない、負けを負けで終わらせたことはないということだ。

未来だけではなく、つらい過去やバカにされた過去、負けた過去、失敗した過去は必ず自分次第で変えられる。

だから、先ほど謝った。

『人生巻き込んだ者勝ち』を読んでいただいた皆様に謝って終わるのではなく、今日、この本を手にしていただいて、読んでいただくことで正当化しにきた。

一年前のつらい自分、自信を過信と思ってしまったまま本を出版した自分の過去を、あの本があったから、あのつらさがあったから、この本を一年後の今日、皆様に勇気を与えられる自信満々の本となって帰ってこられた。

紛れもなく一年前の本の心残りがあったからこそ、そのつらさ、苦しさと逃げずに向き合ってこれたからこそ生まれた本なんだから、一年前の失敗を今日、正当化しにきた。

あの日の失敗を 今日、正当化しにきた

成功より失敗
人は失敗したときにしか
成長しない

はっきり言って成功から学ぶことより、失敗から学ぶことの方が多い。

何故なら、失敗するほどの窮地まで追い詰められないと、人は本当の力が発揮できないからだ。よく、〝火事場のバカ力〟と言うが、やはり、転《こ》けたときにしっかり立ち上がることができるのが強い人間とも言える。

これは逆の状況を考えればよく分かる。

ビジネスでも恋愛でも何でもいいが、それが順調に行っているときは特別な力は一切必要がない。波風立たない平穏なときは、何もしなくてもうまくいく。

そんな状況では、経営者の実力が発揮できる場面はあまりない。

野球だってそうだろう。ホームランを次々打って何点も取っていれば、監督はただ座っていれば余裕で勝つことができる。極論を言えば、監督など必要ないくらいだ。

監督が必要なとき、それは主軸が三者連続三振に倒れて、好投を続ける相手投手から点を取れないようなピンチのときだ。

言ってみれば、先頃、日本球界にカムバックした田中将大投手が二〇一三年に二四連勝を果たした当時のような、絶好調のピッチャーが相手のマウンドに立ったとき、どう勝ちを拾うかが監督の腕の見せ所だ。それこそが監督の存在理由とも言える。

ビジネスも同じだ。大事なことは、やはり、会社が転けたときにトップがどういう策を立てて、どう立ち上がるかが経営者の腕の見せ所だ。


僕は飲食店を約五〇店舗ほど経営していて、二〇二〇年のコロナ禍で約三〇店舗閉店した。これは本当に苦渋の決断だった。

それまでの僕は、赤字を多少出していたお店でも閉めることは決してなかった。

何故なら、僕の中では単なる赤字店ではなく、そこには働く人もいるからだ。頑張ってくれている店長がいて、一生懸命働いてくれているスタッフがいる大事な〝場〟をなくしたくなかった。彼らだって、少しでも赤字をなくそうと必死なのだから。

赤字だから閉めるという判断は簡単だが、そんな簡単な判断で仲間を切り捨てるような経営者でいたくはない。僕はお金儲けだけのためにビジネスをしているのではない、仲間と一緒に戦いたいからビジネスをしている。

全体で利益が出ているのなら、多少の赤字店があっても問題にすることはなかった。

二〇二〇年のコロナ禍は、そんな判断を許してくれるほど甘くなかった。

大量閉店という決断は僕にとって初めてのものだった。自分が作ったお店、自分が出資したお店が約三〇店舗も潰れて行くのを見るのは不甲斐ないし、ある意味、恥だと思った。

原因となったのは目に見えないウイルスとはいえ、それまで自信だけで生きてきたこの僕が、自分の選択が間違っていたのかと思ったときもあった。

正直な話、お店を閉めるのも簡単ではない。

借りたときの状態に戻すために内装や設備を解体したり、違約金を払ったり、閉店するにもお金がかかるから、閉店を選ぶことは一概に楽な選択とは言えない。

新型コロナウイルスの流行で一番経験できたこと――それは〝退く〟決断だ。

自分でも分かっていたことだが、僕は今まで〝押す〟決断には自信があったし、勝つことしか考えていなかった。前へ前へと突き進む決断はいくらでもできるが、退き下がる決断ができない。いや、できないというより、そんな決断をしたことがなかった。これはビジネスにとどまらない。

僕は格闘技もやっているが、たとえどんな相手でも、試合中、押す決断、前に出る決断はいくらでもできるが、退く決断ができない。性格上、ここは少し退いて様子を見ようという決断ができないから、最初からトップギアで前に出るのみだ。

そして、試合でどこを絞められてもタップはしない。負けるときはたぶんダウンかＴＫＯで審判が止めたときだ。もちろん、試合後にきっと僕は言うと思う、「負けてない」と。

それぐらい強いマインドがないと経営者は務まらないし、簡単に負けを認めちゃいけない。周囲は〝潔くない〟と思うかもしれないが、自分の人生なんだから、それでいいじゃないか。僕は絶対に負けを認めない。

しかし、コロナ禍で状況は大きく変わった。

僕のビジネスも退かざるを得ない状況に陥った。退かないと会社が存続できないという状況になったので退き際を覚えた、いや、覚えざるを得なかった。

これは戦争と同じで、指揮官である将校が死んだら戦局はそこで終わりだ。後はもうずるずると撤退、敗戦あるのみだ。ビジネスも戦争と同じで、指揮官である僕自身が倒れる前に――巻き返しを期しての一時撤退を決断した。

僕が倒れたら、会社も倒産していたに違いない。その後も今日まで一年以上コロナ禍が続いている状況を考えれば、あのとき、退いていなかったら約三〇店舗の閉店どころでは済まず、全店閉店で倒産に追い込まれていたかもしれない。

そう考えると、一旦退いて、その後、逆襲するというプランは正解だった。とにかく死なずに命だけは拾っておく。一回退いても、トータルで見て勝てばいい。

それと同時に思ったことは、人生は挑戦しないと退き方も分からないということだ。つまり、結局のところは何事も挑戦しないと分からない。

挑戦してうまくいかなかったときの退き方が分かっている人と、退き方が分からない人では、長い目で見て大きな違いが出てくる。ビジネスでも人間関係でも、やはり退き際はすごく大事だと悟ることができた。それはとても大きな収穫だった。

リスクを背負って
挑戦して
失敗を知ってほしい

今回のコロナ禍で退く決断をする勇気をもらえたのは、大変ありがたいことだった。

その意味では、語弊を恐れずに言わせてもらえば、今となっては新型コロナウイルスに感謝したいくらいだ。

人が苦境に陥ったとき、それをピンチと捉えるのではなく、チャンスだと思う逆転の発想も重要だ。今だから、いや、今こそ挑戦してほしいと思う。

現実に今、コロナ禍で非常に多くの企業がピンチに陥っている。しかし、起業を目指す者にしたら、これは大きなチャンスとも言える。

大企業やベンチャー企業の業績が落ち込んでいる中で、彼らは抱えている人材も多ければ、資材も多い。それがコロナ禍で重荷になっている。いわばライバルが弱っているわけだから、今から挑戦する人は勝てるチャンスがかなり出てくる。

商売を始めようとすれば、物価自体も下がっているし、物件だって今までは大手が押さえていたけれど、大手が手を引いているから家賃も安くなっている。
これをチャンスと捉えられないようでは起業家とは言えない。

今、挑戦を始めないと、コロナ禍が収まる近い将来、大企業が必ず息を吹き返して再び本気になる。そうなった日には、吹けば飛ぶような起業家が勝てるはずがない。若者が挑戦しても勝てない可能性が高くなる。だから、挑戦するなら今しかない。この本を読んでくださった人はぜひチャレンジしてほしい。

ただし、チャレンジして転《こ》けることもあるだろう。それでも、失敗することによって、いや、失敗だってできるんだという発想の転換も大切だ。言うならば、失敗のありがたさとでも言おうか。挑戦しなかったら失敗すらできない――そう僕は言いたい。

失敗したら周囲の大人に笑われるかもしれない。でも、そんなことは気にするな。人の挑戦や失敗を笑ったり、批判したり、バカにしたりする大人に何が分かる。過去の傷跡をバカにする大人に何が分かる。僕の会社や運営するオンラインサロン（起業サロン）にも、昔はヤンチャしていた子たちもたくさんいるし、僕自身もたくさん失敗してきた。そんな子たちを責めるのは絶対に違う。

昔の常識を押し付ける人間には、僕はこれっぽっちも魅力を感じない。そもそも時代が良かっただけだ。昔ながらの考え方をする人間は黙って引っ込んでいてほしい。

今は時代が変わった。これからは若者の時代だ。若者は昔ながらの考えに魅力を感じないし、若者には若者にしかできないことがある。

そんなふうに偉そうなことを書くと、それこそ、〝何、強がりを言っているんだ、このクソガキは――〟と思われることだろう。

クソガキ上等。そんなことを言われても、僕は痛くもかゆくもない。

これは前作でも書いたことだけれど、失敗を知ることは非常に大切だ。

僕は今、独身だけれど、将来、自分に子供が生まれて、その子が何かに挑戦したとしよう。そのとき、もし子供が失敗したら、あなたは、そこからの立ち上がり方を教えられない親でいいのか――そういうことだ。

初めて自転車に乗るとき、あるいは、けんかに負けたとき、受験に失敗したとき、告白して振られたとき……若者にとって失敗は山ほどある。

そんなときに親として、どんな立ち上がり方を教えることができるのか。言葉で語るのでも良いし、言葉ではなく手取り足取り体で教えるのもいい。

どんな方法でもいいが、それこそが親の役目だと僕は思う。

だからこそ若い子——僕も十分若いつもりだが——には積極的に挑戦してほしいと同時に、失敗してほしい。挑戦よりも失敗してほしいと言っても過言ではない。


二〇二〇年という年は、僕にとって転けた一年間と言ってもいい。

そんな一年間を経験したことで、僕は一回りも二回りも大きくなって帰ってくることができた。人の心に響かせる本を作ったり、人の心に響かせる講演会をしたりするには、やはりその人が失敗を経験していないと説得力が生まれない。

失敗の数が多ければ多いほど、説得力が強くなる。


あのスティーブ・ジョブズだって、自分が作ったアップルをクビになるなど何度も失敗を経験している。数多くの修羅場をくぐり抜けているからこそ、新製品発表会での、あの説得力あふれる自信満々のスピーチが世界中の人々の心を打つのだ。

一方で、生まれてからこの方、ずっと順風満帆な人間が講演で何を話しても、そこから得る教訓は少ないはずだ。極論を言えば、ただ自分のエゴを話しているようなものだ。そんな人が話をしても決して心に響かない。

僕は今回失敗した。そして、普通の三二歳では経験できないような失敗をしてきた。そんな僕が言うのだから、僕の言葉には重みと説得力があるはず。

前向きな言葉やポジティブさというのは、ときには人を傷付けてしまうこともある。本当に経験していない人がポジティブに発信したところで、ネガティブな人はそれをできないから困っているんだ。

ただ、僕のように挑戦して失敗して、笑われて、バカにされて、過ちも犯して、叩かれている奴が言えば説得力もあるはずだ。

僕が上手くいかないことで、自分の悩みなんて僕に比べればちっぽけだと思ってもらえたらいいし、少しでも僕の失敗で周りの人たちに安心感を与えられたら、僕も喜んで失敗するし、喜んで叩かれる。

女手一つで育ててくれた母が、
転けたときの
立ち上がり方を教えてくれた

オンラインサロン（起業サロン）を主宰していると、サロン生によく聞かれることがある。

「辻さんのお母さんはどんな人でしたか？」

「辻さんのお母さんの話を聞いてみたい」

「どんな育て方をされたのか教えてほしい？」

——僕の母の子育て法に興味を持つ人も多い。

確かに、僕の起業サロンには小さなお子さんを持つ女性の方もたくさんいるから、そういう質問が多いのは分かる。実際、「辻さんがこんなに前向きで、メンタルが強いのはお母さんの育て方が良かったんでしょうね」とよく言っていただく。

まさにその通りで、僕に転《こ》けたときの立ち上がり方を教えてくれたのは母だ。

これは正直認めるしかない。一〇〇パーセント、母の育て方が良かったと声を大にして言える。

先に書いたように僕は母子家庭で育ったが、今思えば、母には最高の育て方をしてもらったと思う。

母は二〇歳の頃に僕を産み、僕が三歳、弟が一歳のときに離婚した。二三歳の若さだ。


「俺の父親はどんな人やったん?」

「どうしてシングルマザーになったん?」

「何でうちだけお父さんいないの?」


僕も子供だったから、気になることを何の遠慮もなく母に聞いていた。

当時の生活ぶりはと言えば、当然、お金に余裕なんかない。

だから母は、朝の四時、五時からヤクルトの配達員をしていた。自転車の前の椅子に僕を、弟を後ろに乗せて一日中配達していた。

それでも、配達員の収入だけでは二人を育てていけない。大きくなったら小学校、中学校、高校、大学まで出させてあげたい。そのためには給料のいい安定した仕事に就くしかないと思ったという。

　そして、寝る時間を削って夜間制の学校に通い、看護師の資格を取って働き始めた。

そうやって僕ら兄弟二人を育ててくれた。


　そうやって育ててもらった僕が一番思うことは、僕の母はどんなことでも決して人のせいにしなかったということだ。離婚したことはもちろん、僕ら兄弟を産んだことも絶対に後悔していないし、よく言えば全てを否定しなかった。

「全部、私が悪いんや！」

　そう言って、自分のことしか否定しなかった。

「（父親を）選んだのも私だし、（僕たち兄弟を）産むと決断したのも私。だから、それに対して少しも後悔していない」

「離婚したのも誰のせいでもない。全部自己責任、全部自分が悪い」

　そう言って全ての運命を受け入れて、誰のせいにもしなかった。

　とは言っても当時は子供心によく分からず、シングルマザーという家庭環境もあって、少年時代の僕はそこそこグレていた。

けんかすることもしょっちゅうで、けんかで周りに迷惑をかけたこともある。時には子供のけんかに親がしゃしゃり出てくる家もある。ちょっとうるさい家ともなれば、先生に告げ口したり、父親が出てきたりするものだ。

たとえ、相手の家の父親が出てきても、僕の母は「お父さんいないんで」などとは一言も言わず、逃げることもしなかった。

「何で俺らにはお父さんおれへんの？」

僕ら兄弟が聞いたとき、母は僕らの顔を真正面から見てこう言った。

「どんなときでも、私がお父さんの役目をする」

だから、明らかに堅気じゃなさそうな父親が来ても、母は絶対に退くことはなかった。しっかり話を聞いてくれて、僕らが悪くないと思ったら絶対に前に立ってくれた。

今だから言えるけど、僕たち兄弟が悪いことをして謝るときも、

「もうあんた謝らんでいいから。後ろで頭下げるだけ下げとき」と言ってくれた。


あるとき、僕が迷惑をかけた学校の先生が家まで来たことがあった。

そんなときでもはっきりと、母は学校の先生にこう言った。

「いやいや、お金払ってるんですから、先生たちが勝手にどつくなり、何するなりしてもかまいませんから、言うこと聞かせてください」

その後も僕にネチネチ言うことなんてしなかったし、いつも味方でいてくれた。


中学のときに一度、雨の日に先輩とけんかしたことがあった。

僕はやり返せず一方的にやられてしまい、白いカッターシャツがビリビリに破けて、雨と血で赤くびしょびしょに濡れて家に帰ったことがあった。

すると、母は僕を見るなり厳しい形相でこう口を開いた。

「あんたもしかして負けたん？」

「いや、負けたとかじゃないから」

僕がそう口ごもると、母はまくし立てた。

「あんた負けたやろ？」「負け認めんの？」「やり返してくるまで帰ってこんといて！」――そう言われて、玄関の鍵を閉められた。

仕方ないから、渋々、やり返しに行った。素手じゃ勝ち目がないから、何か武器使おうと思って、傘を持って仕返しに行ったものだ。

そうしないと家に入れてもらえなかったのだ。そういう母親だった。

やっぱり強い母親だった――。

シングルマザーの方と面談をしていると、やはり誰か人のせいにしてしまう方も多い。

百歩譲って自分の人生なんだから自分はいいとして、子供には罪はない。子供のせいにすることだけはやめてほしい。

もし、母親が「前の旦那は……」とか、「お前はダメやな……」などと言っていたら、子供もまた、何でも人のせいにするダメな大人になってしまう。

僕の母は何があっても前に立ってくれたし、何があっても自分のせいにしていた。

「お父さんがおらんと思わんといて。私がお父さんの役目すんねんから」

「あんたらにはお父さんおるから。私やから」

親の背中を見て子は育つと言われるが、まさにその通りだ。

子供に罪はない。母親が、まず自分にベクトルを当てて、前向きに生きていれば、子供だって前向きに生きる強い大人に育つはずだ。


今思い出しても、僕の母は僕のやることを一回も否定したことがなかった。いつも味方だったから、一度も怒られたことがない。

「やってみないと分からないから」

いつもそう言われた。小さい頃にけんかしたときでも、怒ることはしなかった。

「人のこと傷付けて、初めて傷付けたらあかんってこと分かるから」

そう言われ続けてきた。

その意味で、転けない人生を教えてくれたというよりは、母は転けたときの立ち上がり方を身に染みて教えてくれた。

逆に言えば、あえて転けさせ続けたのかもしれない。転けると分かっていても挑戦させたと言っていい。お陰様で僕はめちゃめちゃ強くなった。

これは母の教育のお陰だ。

だから、母親が強く生きていれば、強い子に育つと思う。

前向きで、ポジティブに、そして苦しいことから逃げずに、誰のせいにもせずに生きていれば、すごく芯の強い人間に育つはずだ。

＊　＊　＊

三二年前、二〇歳の学生だった私に子供ができて、周りからは産むのを反対されたけど、その反対を押し切って産んで本当に良かったです。

敬太は小さい頃から手がつけられないほどけんかもして、ヤンチャで悪ガキだったけど、自分のことで怒っているのは見たことがない子供だった。

自分の友だちに何かあったとき、家族に何かあったときは真っ先に怒っていたのを今でも鮮明に覚えています。

小学校、中学校のときの「モテたい。」だけ書いた卒業文集は未だに残っています。

小学生のときから野球を始めて、三振してもエラーしても、他の親の方たちが「敬太君は三振しても、エラーしてもカッコいい」と言ってくれていたのを覚えています。

中学校の卒業式では、ボタンから学ランまで全て後輩に取られていましたね。卒業式の写真はたくさんの花束で、敬太の顔が見える写真は一枚もありません。

それだけ、人にモテるという生き方をしてきたんだなと今、改めて思います。だから今、たくさんの人が周りにいてくれることに何一つ驚いていません。

知っての通り、私はおばあちゃん、おじいちゃんからの遺伝もあって、体も良くありません。昔から言ってますように早死にすると思いますが、人生に悔いは一切ないし、幸せです。

最後に孫の顔だけは見たいです（笑）。

小さい頃はお父さんがいない分、たくさん寂しい思いをさせてごめんね。
そんな中、強く育ってくれてありがとう。

もし、人生もう一度生まれ変わっても、必ずあんたら二人を産みます。
そして、責任を持って育てます。

ほんとにあんたら二人を産んで心から良かったです。
私は何があっても味方です。
これからも人のために最後まで生き抜いてください。

一番のファン　母より

女手一つで育ててくれた母が、
転けたときの立ち上がり方を教えてくれた

たとえ体中の骨を
全部折られても、
心だけは絶対に折れない！

母に教わった転けたときの立ち上がり方が、三〇歳を超えて遭遇した新型コロナウイルスの危機に役に立ったのだから、人生とは実に不思議なものだ――。

そもそも僕の人生は順風満帆とはあまり縁がなく、転《こ》けてきている人生だった。ただ、会社の経営を始めて数年になるが、これと言って大きな失敗はなかった。実際、赤字を出すこともなく、創業以来、七〇ヵ月くらい連続で利益を出してきた。

――そんな僕も、二〇二〇年に突如として現れた新型コロナウイルスという見えない脅威には、真っ向から相当なダメージを受けた。

そこで母に教えられた転けたときの立ち上がり方が役に立ったのだ。

正直言って、新型コロナウイルス自体、僕は全然怖くはなかった。しかし、ビジネスへの影響となると、これはまた別の話だ。

それほど実業をやっている人間にとって、二〇二〇年は厳しい状況だった。四月に緊急事態宣言が出たときは、いくらメンタルが強い僕でも〝何やこれ！〟と大きなショックを覚えたのは事実だ。社員から受ける報告は、とにかくお店にお客さんが来ないというものばかりだった。

今日までゼロから積み重ねてきたものがこんな一瞬で崩れるものなのか、大切にしてきた人間をなぜクビにしないといけないのか……と凄く思った。

三一年間、満足した生き方はできていないかもしれないけれど、常にＭＡＸの生き方をしてきた。

三一年の間にはいろんな困難があったけれど、その困難にしっかりと向き合って、乗り越えてきた。分かりやすく言えば、決して逃げなかったということだ。

そう考えても、二〇二〇年という一年は、その困難がとてつもなく大きかった。

今までの困難というものは正直、目に見える敵であったり、解決できるであろうという敵だった。

しかし、二〇二〇年に関して言えば、僕が相手にしたのは新型コロナウイルスという目に見えない敵で、日本中が、いや、世界中が苦しんでいる想定外の難敵だった。難敵の影響を真っ向から浴びたのが飲食業界だった。美容院やエステサロンもそうだが、実店舗をやっている人たちというのは、今回、相当なダメージを受けた。

経営者になって以来、初めての赤字を三一歳の四月に経験した。

ただ、それを愚痴っても、人のせいにしても仕方がない。あえて言うなら、飲食店や美容室、エステサロンなど実店舗を選んだ僕が悪いということだ。

でも、逆に考えれば、三一歳でこんなに真っ向からダメージを受けた経営者は日本中探してもなかなかいないだろう。

そう考えると、大きなダメージも一つの大事な経験、勲章のようなものだと思えるようになった。発想を転換させたことで、気持ちがだいぶ楽になった。

そして、次の日から気持ちを切り替えることにした。僕は前しか見ていないからだ。

〝もっと立派な経営者になれ〟

――これは、神様が敢えて困難を与えてくれたのだと思う。実際、それまでの僕はうまく行き出して、多少、調子に乗っていた部分もあった。

そんなふうにマインドを一八〇度切り替えて、一日でも早く、この経験をできて良かったと思う日を創ろうと思った。

実際、二〇二〇年の終わり頃には、これほどの困難を三一歳で経験できて良かったと心から思えた。三一歳で、これだけの規模で、進む勇気と退く勇気の両方を経験できたのは僕くらいだろう。その意味でも、僕は一年前よりめちゃくちゃ強くなった。

だから、今の僕は多少のことでは折れない、いや、多少でなく、心は絶対に折れない。

心が折れるときは死ぬときだ。折られるくらいなら死のうと思う。

たとえ手足の爪を全部剥がされても心は折れないし、体中の骨を全部折られても心だけは絶対に折れない自信がある。

たとえ体中の骨を全部折られても、
心だけは絶対に折れない!

一〇〇年に一度と
言われる困難も
今となっては感謝している

時にはもちろん、深く考えることも必要だが、あまり深く考えすぎるのは良くない。

時間は薬――人間、どうせいつか死ぬんだから、深く考えても仕方がない。

この新型コロナウイルスの流行だって、きっと、五年後、一〇年後にはただの歴史になって懐かしく思えるときがくると思う。いや、そうしないといけない。

一〇〇年前にスペイン風邪が大流行して二〇〇〇万人から四〇〇〇万人が死亡したという。それに比べたら、新型コロナウイルスの感染による死亡者は今のところ世界中で約二八〇万人だから、スペイン風邪の一〇分の一程度と言ったところだ。

スペイン風邪にしても、新型コロナウイルスにしても、一〇〇年に一回、二〇〇〇年に一回の出来事だろう。

結局、歴史なんて全て繰り返しのようなものだ――。

言い方は悪いけれど、昭和の日本の復興だって、まずは太平洋戦争に負けたことから始まっている。それも今や歴史の一コマで、教科書で教えられる出来事だ。地震だってそう。阪神淡路大震災にしても、東日本大震災にしても、復興を成し遂げた暁には、「昔、大地震があった」と振り返ることができるようになる。日本人は負ければ負けるほど強くなってよみがえる民族なのかもしれない。

経済に関して言えば、一九九〇年代のバブル崩壊なんか僕が生まれた頃の話だし、二〇〇八年のリーマンショックからもう一三年も経つ。

人間、日々生きていると、大なり小なり苦しいことはたくさんある。

それでも、一〇年後、二〇年後の若者は、みんなその大変だった出来事が書かれた教科書を見て勉強していることだろう、きっと。

そう考えると、歴史的出来事の真っただ中で生きられたことにすごい価値がある。

もちろん、まだまだ数年は、人間はこの新型コロナウイルスと戦っていくのだろう。

それでも、ビジネスの面からすれば、一番厳しい時期は超えられたと思う。〝ウィズコロナ〟とも呼ばれているが、僕と僕の仲間たちは、コロナと何とか向き合えている。未だに新型コロナウイルスと戦っている人もいるし、僕もまだまだ戦っているから、すごく不謹慎な表現になるとは思うが、あえて言わせてもらう。

「新型コロナウイルスがきて良かった！」

当然ながら、新型コロナウイルスに感染して亡くなられた方とそのご家族を悼む気持ちはある。しかし、コロナ禍という最悪の事態を経験できたことで、僕の周囲の人間の精査もできたし、本当に大切な存在も見えた。

たくさんのものを失ったけれど、その反面、たくさんのものを得られた。

今では、この困難は、僕の人生というドラマの筋書に必要な要素だったのかもしれないと思える。本当に大切で、絶対に守りたい存在があることが、僕の中で自信から確信に変わったので、新型コロナウイルスには感謝している。

と同時に、これもまたよく言われているが、〝アフターコロナ〟の時代にどうビジネスを展開していけばいいかもよく分かった。

結局、一度きりの人生で経験できるかできないかのような大きな出来事を、その真っただ中で、それも三一歳という、人間として一番脂が乗った時期に経営者として遭遇できたというのは凄く価値があることだった。

だからこそ、これだけははっきり言っておきたい——。

二〇二〇年を経験した辻敬太は、一回りも二回りも成長した。コロナ禍でいろいろなものを失ったが、その分、経験と自信と僕の脳みそだけは残った。それさえ残れば何度だって立ち上がれる。

控え目に言って、これからどんな最強の敵がやってきても、絶対に負けることはないと断言できる。申し訳ないが、僕をライバルと思っている方たちから見たら、きっと、尻尾を巻いて逃げ出すほどのレベルの存在になっている。

僕は自分からけんかは売らない。でも、僕と僕の仲間の前に立ちはだかる奴は、本気で覚悟してほしい。少しでも邪魔する人間は容赦なく叩き潰すつもりだ。

100年に一度と言われる困難も
今となっては感謝している

苦しいときでも
懸命に戦う姿が
人の心を動かす

二〇二〇年のコロナ禍を経験して分かったことが、もう一つある──。

それまでの僕は、経営者として当然のことだが、閉店すること＝退くことは恰好悪いと思っていた。普通の経営者なら、決して公表せず、ひっそりと閉店させるに違いない。

しかし、僕は閉店を隠すことなく、ＳＮＳでも堂々と表明した。

──そのときに思ったことがある。

人間というものは、うまくいくところを見せるのではなく、必死に戦っている姿を見せることで人の心を掴めるのだ。

経営者の中には、今日は誰々とパーティーをしたとか、どれだけ高いお酒を飲んだとか、クルーズ船で遊んだとか、インスタグラムで自慢ばかり見せ付けている人が多い。

僕は違う。そんな、単なる自慢ならしたくない。

前作『人生巻き込んだ者勝ち』でも書いたが、長所を自慢するのではなく、短所を自慢する——これは僕の信条の一つである以上、徹底すべきだと思った。

お店をオープンするときだけでなく、お店を閉めるところまで隠さず見せた。SNSで閉店を公表できる経営者はなかなかいないと思う。

そのときに学んだのは、状況は非常にしんどいけれど、そんな中でも懸命に戦っている姿を見せることが、周囲の人々の胸を打つということ。

既に書いたように、僕の会社もだいぶ赤字が出て三〇店舗ほど閉めた。

もちろん、コロナ禍の影響は人を選ばない。特に飲食業界は自粛や時短の影響が極めて大きかった。緊急事態宣言の発令でどこも人出が激減したし、その結果、僕の周囲にも店舗を閉めざるを得ない苦渋の決断をした人がたくさんいた。

そんな状況の中でも、おそらく一番ダメージが大きかった僕が約三〇店舗閉めると決断したことが、周りのたくさんの人に勇気を与えられたのだ。

当時、僕はお店を閉めると決めた同業者に会う度、こんなことを言っていた。

「お前んとこは一店舗、二店舗やろ！　俺なんかもう三〇店舗退くんやから、それくらいで落ち込むなよ！」

そう、この僕が大幅に撤退する決断をしたことで、同じ境遇にあったたくさんの経営者の心の痛みを和らげる効果があったのだ。

「そうか、辻さんとこもそんなに潰れるのか。だったら、一店舗閉めたくらいでくよくよしてどうするんだ。もっと頑張ろう！」

――そんなふうに思ってもらえたのだ。

僕の決断が周囲の大切な人たちの苦しみを少しでも〝安堵〟させられたのであれば、約三〇店舗も閉めたことが決して無駄ではなかったと今では思える。

もちろん、そうは言っても、当時の僕は必死だった。

やはり、一番辛かったのは、閉めるお店で働いている人のことだった。

お店を閉める、お金がなくなるというのは本気でどうでも良かった。それに関しては、僕が借金を背負えばいいだけの話だからだ。しかし、人との別れが一番つらくて、そこが一番引っかかっていてなかなか決断ができなかった。

しかし、この赤字を放っておいたら、僕の勝手なエゴだけで、自己満足だけでお店を存続させることがグループ会社全体を潰してしまう。

そこは泣く泣く仕方ないと割り切ることにした。中には仕方なく去った人もいたが、ほとんどの社員には「またいつか一緒に飲食をやろう！」と正直に話して、違う業態の店舗に移ってもらった。

あれから一年経って思うことは、僕の決断でたくさんの人の気持ちを安心させることができたのなら、この僕にも役目があって良かったということだ。

何だか宗教の教えのようだが、僕は元から自分だけ儲かればいいとか思っていない。それができたのは、おそらく死に方を考えているからだ——こう書くとますます宗教染みてしまうかもしれないが、そのあたりのことは後ほど説明したい。

順風満帆のときは
誰でもうまくいく
つまずいたときに
経営者の実力が見える

二〇二〇年に訪れた三一年間の人生で最大の危機を、僕はこうして乗り越えた。

お陰様で、一時期、インターネットの検索ワードに「辻敬太」と入れると、続いて「閉店」と出てくるようになった。きっと、僕の〝敵〟たちが嬉しくなって次々に検索したから、「辻敬太　閉店」が予想検索ワードになったのだろう。

それを見て僕は、世の中って面白いなと思った。まさに「他人の不幸は蜜の味」だ。言ってみれば、僕を批判する人たちの行為で、辻敬太という名前は世の中に広がっているのかもしれない。これはもう無料で広告宣伝をしてくれているようなものだ。

だから、この場を借りて僕を批判してくれている人たち、僕をバカにしてくれている人たちに深く感謝したい。

「僕の名前を出していただいて、誠にありがとうございます」

僕を一番成長させてくれた人は、批判してくれた人、バカにしてくれた人、僕が何か挑戦するときに、反対してくれる人だ。あなたたちのお陰で僕は成長できた。そういう人たちは、否定や陰口、悪口を言えば言うほど僕にエネルギーを与えてくれている。いわば、僕を燃え立たせるガソリンのようなものだ。

冒頭に書いたように、大切なのは批判されないことではない。

一番恐れないといけないこと――それは、自分を批判していた人たちから名前を忘れ去られることだ！　要は気にならない存在になることが一番良くない。

でも、そんな僕の不幸で、たくさんの周囲の人を安心させられることができたのだから、今となっては全く問題ない――。

もちろん、僕だって閉店のままで終わる気はさらさらなかった。

敵がネット検索して喜んでいる間にも、僕は着々と次の手を打っていたからだ。

飲食店を約三〇店舗閉めたけれど、その間からすでに別業態のお店をオープンさせて、結果として四〇店舗ほど新たにお店をオープンさせた。

こちらは新規の美容業だ。

コロナ禍で、僕は飲食店の経営からはほぼ撤退した。飲食は自粛と時短の連続で集客が期待できず、たとえ新たに開店しても同じ状況に陥ってしまうからだ。その点では、今は主力を美容業にシフトしている。

一回退いたことで違う挑戦ができたわけだ。これまでは主に飲食と美容の両輪体制、どちらかと言えば飲食にウエートを置いてきたけれど、コロナ禍でそれを変える決断をした。

同じ経営を頑固に続けるのもいいが、時代の流れによって経営の在り方を変化させるのも経営者にとって必要な判断だ。

そうした判断を下した理由は、新型コロナウイルスの流行下でも美容業界の売り上げがあまり落ちなかったことだ。一方で、ご存じのように飲食業界の売り上げは激減した。

この時代、感染を恐れる人はわざわざ外で食事をしなくなった。

いくら〝ウィズコロナ〟と言っても、感染の可能性が否定できない外食はしない。しかし、それでも人間の髪は伸びるから絶対に切らないといけない。

〝ウィズコロナ〟で外食する回数は減っても、髪が伸びるペースは落ちない。

これが、新型コロナウイルスに感染したら髪が伸びるペースが落ちるなんてことになると問題だが、ありがたいことにそんな研究結果は発表されていない。

そこは今、やれることを全力でやろうと思ってシフトチェンジした。

飲食店を閉める分、美容室を増やす——そう決断してからの動きは早かった。


その意味では、退くばかりではなく、しっかり逆襲している。

もちろん、今後はどうなるか分からないが、僕自身の生き方として〝これで日和って退いたら終わりだ〟と思っているから、隙あらば攻めようと思い続けている。

これこそが、僕がいつも言っている軌道修正だ。

僕の信条は挑戦と軌道修正の繰り返しだ。軌道修正の切り替えしのタイミングを冷静に判断することが経営者の本質だと思っている。

うまくいっているときは誰でもうまくいく。しかし、転《こ》けたり、つまずいたときに他の方法を考えて、即座に行動に移すのがカリスマ経営者だと言える。

それこそが経営の極意だ。

弱い経営者はうまくいっているときはいいけれど、つまずいたり転けたりしたときに立ち上がれない。そんな経営者ならやめてしまえと思う。


そうしたギリギリの判断ができるのは、愛する仲間のためを考えているからだ。

正直な話、僕一人で生きていく分には全然困っていない。コロナ禍でもそうだった。僕自身、ぜいたくするのが好きな性格でもないし、高級ブランドの服が欲しいとか、高級車が欲しいとか全く思わない。最近は時計もしなくなった。

ごく普通の生活をしていれば、それなりの家に住めて、それなりのご飯が食べられて、それなりの遊びはできて、それなりの人生を過ごせる程度のお金はある。

講演会をしたり、コンサルティングをしたりするだけでもそれなりに収益はある。

僕一人だけで適度な生活を送ろうと思えば、それこそリスクはない。


〝だったら、わざわざ出資して、人を雇って事業をしなくてもいいじゃないか〟

――僕のことをよく分かっていない人間はそう思われるかもしれない。

僕はやっぱり人が好きなので、結局、仲間のために攻める。僕を頼りにしてくれる可愛い若い子たちのために、リスクを背負って何かやってしまう。

それが自分の生きがいだからだ。


それともう一つ、人間にとって一番の薬は時間だ。

あまり深く考えるな。嫌なこと、しんどいこと、苦しいことって生きていればめちゃくちゃあると思う。それでも、あまり考えすぎずに前に進め。

そうすれば、時間が薬で、いつか笑い話になる日がくる。

そして、遥かその先を見通せば、どうせ、人はいつか死ぬ。

いくら深く悩んでもいつか死ぬし、いくらいい思いをしてもいつか死ぬんだから、一度きりの人生、思い切って生きろ。

順風満帆のときは誰でもうまくいく
つまずいたときに経営者の実力が見える

やり抜くことも一つの才能
夢を叶えたいなら
最後までやり抜け

ここまで、僕がいかに新型コロナウイルスという見えない脅威を乗り越えたかを話してきた。

いわば、二〇二〇年のけじめをつけたようなものだ。

ここからは、一回りも二回りも強くなった辻敬太の考え方を披露していきたい。

――コロナ禍を体験したことで、やはり経営者には「やり抜く力」が大切であることが、よりいっそう分かった。

やり抜く力に関しては、以前、尊敬するイチロー選手がインタビューで、「やり抜くことがそもそも才能だ。やり抜くことができない人間は才能がない」と言っていた。

このイチロー選手の言葉は僕の胸に大きく響いた。

〝やり抜くのも才能〟――僕もそう思った。

夢を叶えたいなら最後までやり抜けということだ。

「俺は夢を叶えたい！」

そんな大きな口を叩くのなら、やり抜くしかない。


一方で、世の中にはやり抜けない人がたくさんいるのも事実だ。

よく〝継続は力なり〟と言うが、イチロー選手も言っているように、やり抜けない人には残酷な言い方になるが、やはり、そういう人は才能がない人だろう。

正直言って、才能がないものは仕方がないと言わざるを得ない。

なぜなら、才能がない人に対して「才能を持て！」とは言えないからだ。やり抜ける才能がないのだから、そういう人はビジネスをやらない方がいい。後で泣きを見るのは、他でもない自分だからだ。仮にやり抜く才能がない人がビジネスを始めても、中途半端で終ってしまうだけだ。

ビジネスを志すなら最後まで責任を持ってやり抜く力が必要だが、実際問題として、僕の周囲を見ても、最後までやり抜ける人は本当に少ない。

自分にやり抜く才能があるかどうかは、やってみないと分からないというのがビジネスの面白いところだ。

ただし、最後まで継続したから、やり抜いたからと言って全て正解にはならない。もちろん、やり抜いた結果、不正解もあるだろう。でも、その不正解は継続したから、やり抜いたから答えが出ることだ。

何が言いたいかと言うと、継続してやり抜かないと、それが正解か不正解か分からないということだ。たとえ継続したからと言って、保証された夢なんてない。そんな保証された夢なんてあれば誰でも継続してやり抜くだろう。

答えが見えないからこそ、やり続けることが難しいのも分かる。ただ、最後まで自分を信じ抜いて、やり抜いてほしい。

僕はいつも「挑戦しろ!」と言っているが、それ以上に、勇気を出して一歩踏み出して挑戦したなら、うまくいかないからと言ってすぐ諦めるのではなく、とことん最後までやり抜いてほしい。

一度挑戦したなら、継続しないと全てはゼロ、いやマイナスになる。

もちろん、報われない時間はめちゃくちゃ長い。その間はしんどいし、苦しいのも分かる。今、自分がやっていることって意味あるのかなって思うこともあるだろう。ただし、やり抜かないということは、成功を放棄しているのと同じだ。

やり続けていれば必ず得られるものはあるし、無駄なことなんて絶対にない。うまくいかないからって心が折れたら、せっかく始めた挑戦も意味がなくなる。

一度挑戦したら、自分を信じて最後までやり抜かないと意味がない。

やり抜く力に関して僕はかなり自信があって、その意味では自分は天才じゃないかと思うときもある。では、天才と凡人の違いはどこにあるのか？

それは、僕に限らず、天才というのは目標＝ゴールが見えている人だ。

ゴールが見えていればやり抜くことができるが、見えていないと何をすればいいかも分からなくて諦めてしまう。それが天才と凡人の違いではないだろうか。

これはもう何百回言ったか分からないが、憧れの女優がいて、「一年三六五日、毎日五時間休まずにジムで筋トレして体を仕上げたら、その女優と付き合える」と言われたら、男なら誰だって筋トレを続けるだろう。

それと一緒で、目の前に一〇〇万円の束が落ちていたらどうするか？　一メートルごとに一〇〇万円の束が落ちている、それが無限に続いていて、「三日間取り続けていいぞ。行けるとこまで行け！」と言われたら、誰だって必死に拾い続けるはずだ。お腹が減ったって、多少疲れたからって絶対に休まず、寝る間も惜しんで気を失うまで取り続けるだろう。

でも、それができる大きな理由は、一〇〇万円の束が見えているからだ。

見えていなければ人は取り続けることはできない。やり抜けない人というのは、見えていない人とイコールだ。僕には、それが本当に残念でならない。

僕には一〇〇万円の束が見えていて、それを拾っていくのがビジネスだと思っている。しかし、たいていの人は一〇〇万円の束が落ちているのが見えないから、それを素通りして人生を過ごしてしまう。

経営者とは、他の人には見えていない成功を追うことでもある。

もちろん、見えているだけでなく、僕はやると決めたことは最後までやり抜く。

よく、成功されている経営者の方からこんなふうに声を掛けられることがある。

「敬太君、一緒にビジネスをやろう！」――と。

何故、僕に言ってくれるのか、僕にはよく分かる。

僕が最後までやり抜く人間だと分かってくれているからだ。

〝こいつは成功するまで諦めないな〟

そう思うから一緒にやりたくなるんだと思う。

誘う方の経営者だって、中途半端で諦めてしまうような人間とは一緒にやれない。最後までやり抜くのが分かっているから、僕をパートナーに選んでくれるのだ。

その点では「頑張ります」とか、「努力します」は当然のことで、いちいちそんな言葉はいらない。言う人間は自分に甘い人間だけだ。「頑張ったけど駄目でした」「努力したけど駄目でした」――そんな言い訳めいた言葉は、僕は聞きたくない。

何も言わず、最後までやり抜けばいいだけのことだ。


やり抜く力がある僕から見ると、中途半端で諦める人間は本当にもったいない。

〝何でやり抜けないんだ！〟
〝何ですぐ諦めるんだろう？〟
――そう思うけれど、これも一つの才能なのかと思うと腑に落ちる。
その点では、僕にやり抜く才能を与えてくれた母に再び感謝したい。
本当、母にはいくら感謝してもしきれない。

信じられないことは
信じることから始まる

やり抜く力と同じくらい起業に必要なもの ――それは「信じる力」だ。

僕の運営するオンラインサロン（起業サロン）に興味がある人で、起業を目指して今やっている努力が、正しい努力なのか間違った努力なのか分からなくて不安だという人も結構いると思う。

一つのことに挑戦して、努力して、やり方が間違っていると気付いて、軌道修正して、また努力して、それでも諦めずにやり抜けば、最後は間違った努力ではなくなる。いつも言っているように、過去は変えられるからだ。

もちろん、スタートは間違った努力で始まったかもしれないし、間違った努力だと途中で気付いたら、そこで普通の人は心が折れるかもしれない。

でも、心が折れずに〝努力の仕方が間違っていた。違う努力をしよう〟と考えて、しっかり軌道修正して成功に持っていくのは非常にいいことだ。

でも、普通の人は、努力のやり方が間違っていると言われた瞬間に心が折れてしまう。

〝今までやってきたことが全部水の泡か！〟

――そう思うに違いない。でも、だから駄目なわけで、決して全ての努力が無駄な努力ではない。世の中、無駄なことなんてない。

僕は三二年間生きてきて、いろいろな経験をしてきたし、もちろん、他の人から見たら無駄だと思われる努力もしてきたかもしれないけれど、僕の中では無駄じゃない。だから、過去の出来事を「あれ無駄やった！」と言っている人は、その無駄を正当化できていない人だと思う。

仮にそのときは間違いだったとしても、それを間違いのままで終わらせたくないから、その間違いだった行為を正当化することに全精力を傾ける。

そして、近い将来、その間違いもあって良かったと思える日を創るしかない。

まさに、二〇二〇年の僕がそうだった。

新型コロナウイルスで大ダメージを受けたときから、いつかは新型コロナウイルスがきて良かったと思える日を創る……そう考えて突っ走ってきた。

この一年、コロナ禍によるダメージを正当化することに費やしてきたようなものだ。


たいていの人間は転《こ》けるけれど、絶対に転けて良かったと思える日がくる。いや、自分でその日を創らないといけない。

たとえば、野球でもたくさん素振りをしていれば手にマメができる。

その一瞬は〝マメできた！　振り過ぎた！〟と思うかもしれないけれど、また次の日も素振りをすれば、そのマメが硬くなって手の平は硬くなり、握力は強くなり、昨日以上に素振りができるようになる。

結果として、〝あのとき、マメ潰しといて良かった〟と思える。

恋愛でたとえ振られたとしても、失恋した前の彼女より相性の良い女性と出会うことができれば、失恋して良かったと思える日が創れる。

それと同じで、人生でもビジネスでも、僕は全ての無駄を正当化している。

「人生、無駄なことをするな」

――それは無駄を正当化できていない人が言う言葉だ。

そもそも、僕は人生で無駄なことなんてないと思っている。要は、無駄を正当化すればいいだけの話だ。

だからこそ、この本を読んでくれている読者の方が起業したいなら、やり抜く力と同じくらい、自分を信じ抜く力を身に付けてほしい。

そもそも経営者を目指しているのなら、自分のことを信じ抜いてやり抜くしかない。自分を信じられない人間が他人を信じられるわけがない。自分を信じることができない経営者は従業員を雇う資格もないし、仲間を作る資格もない。

そんな経営者では到底、起業して成功できるはずがないから、それが分かった時点で起業は諦めた方がいい。自分一人で始めるなら途中で投げ出してもかまわないが、仲間は巻き込むな。

やり抜く力も信じ抜く力もない人間に仲間を巻き込む資格はない。

何度も言っているように、経営者の日常は決断の連続だ。決断が必要なときに自分を信じられず、あれこれ迷っているようでは、従業員は不安になってしまう。

〝うちのボスは本当にやる気があるのか?〟

そう思われても仕方がないし、そんな経営者に命を預けることなど到底できない。その数秒の判断の遅れが、企業経営に大きな損失をもたらすこともあるのだから。

最初にも書いたように、ビジネスを戦争にたとえるなら、指揮官の判断が勝ち負けにつながる。仮に、戦争において、敵軍が目前に迫る中、とっさの判断が必要なときに迷って判断が遅れたり、判断できなかったりすれば、その戦いに負けてしまう。負けたら指揮官の命も部下の命もない。

これは決して架空の話ではない。経営者が決断を迷っている内に、大きな取引を他社に横取りされるなんてことはよくある話だ。経営者は即断即決、自分を信じられず、即決できない人間は経営者失格だ。

部下は指揮官に命を預けているのだから、自分を信じられず即決できない指揮官についていけるはずがない。これが戦争だったら戦線離脱は銃殺刑ものだが、現代のビジネスにおいて、そんな経営者は重役会議でクーデターを起こされるのがオチだ。

もちろん、世の中に信じられないことは山ほどある。しかし、信じられないことは信じることからしか生まれないのも事実だ。

世界で初めてエベレストに登頂した人にしても、電球を発明したエジソンにしても、インスタントラーメンを作った安藤百福さんにしても、信じられないような偉大な業績を成し遂げた人は、そもそも自分を信じることから始まっている。

結論を先に言えば、彼らは自分を信じているから挑戦したわけだ。

その人達は自分のこと、自分が願うことを信じているから、周囲が信じられないようなことでも敢えて挑戦した。だから、信じられないことが実現したのだ。

——僕はそれが全てだと思う。

「辻さん！　信じられないですよ！」

日本最速で最高支援額をクラウドファンディングで達成した件はこの後話すが、人にそう言われるようなことは、僕自身が信じているから成し遂げられた。

周囲が驚くような出来事というのは、自分を信じることから始まる。


要するに、自信がない人は自分との約束を守っていない人だ。だから、まずは自信を付けることから始める。自分に自信が付いたら、自分を信じられる。

自分を信じられないのなら経営者を志すのはやめた方がいい。

僕は自分のことを一〇〇パーセント信じているから、自分の選択に迷うことはないし、疑うこともない。結局、大切なのはそこだ。

誰よりも自分を信じることができたら、決断なんて何でもいい。選択なんか何でも構わない。何をやっても、その後、正当化すればいい。

やはり、経営者を目指すなら、自分を信じる覚悟が絶対に必要だ。

成功する人と
失敗する人の大きな違い

「敬太さん、僕、○○○をやりたいんですけど、悩んでいるんです……」

決断することに迷っている若者が非常に多い。

はっきり言って、迷っている時間がもったいない。

「迷わず突き進め！」

――僕はいつも、悩んでいる人間にそうアドバイスしている。

「あなたが悩んでいる間に、他の人は二歩も三歩も先を行く」

やる気のある人間はすぐ行動に移す。起業サロンのメンバーには頭の回転と行動が速い人間が多い。そうやって、みんな成功している。

周囲の成功している経営者を見ても、みんな決断が速い。成功している人ほど、誰よりも決断が速いと言える。

それは、先行者利益という言葉の意味をよく理解しているからだ。

彼らはみんな悩まない。悩んでいる時間が無駄だと分かっているからだ。そういう意味で〝決断、即実行〟が成功の秘訣ともいえる。

同様に、その決断を周囲から批判されたり、バカにされたり、笑われたりすることを恐れない。自分がやると決めたことに対して、誰に何を言われようと、自分を信じて挑戦できる人が先行者利益を得ることができるのだ。


その分かりやすい例が、僕が二年前に始めたオンラインサロン（起業サロン）だ。

「オンラインサロンは怪しい」

「オンラインサロンなんて詐欺だ！」

僕が始めた当時、散々叩かれまくった。それが今や風向きが一八〇度変わった。

今ではオンラインサロンも主流になって、著名人が次々と参入してきている。

でも、僕らには勝てない。この二年間で既に信用という財産を築き上げてきた者と、以前は批判しておいて、うまくいくことが分かってから参入してきた者とでは、サロンの質も違えば、説得力も違う。この時代、二年間の先行者利益は計り知れないほど大きい。


一方で、失敗する人というのは、簡単に言えば〝決断できない人〟だ。

ただ、決断できない人という表現だと、正直、分かりにくいと思うので、掘り下げて話すと、要するに〝メリットを先に確認する人〟とも言える。

どういうことかと言うと、その人が迷ってメリットを確認しているほんのわずかの間に、成功している人は先に一歩踏み出しているからだ。

〝とりあえず、やってみよう！〟

メリットを確認している時間さえ惜しい、すぐ始めたいという人たちが先にスタートしているから、遅れて決断した人間など勝てるはずがない。

その後のリカバリーがどんなに早くても、要は先行者利益が取れないのだ。


〝勇気は一瞬、後悔は一生〟

僕が自分の経験からよく分かっていること――それは、一歩踏み出す勇気なんて一瞬のことなのに、それを踏み出さなかった後悔は一生残るということだ。

中学生のときによくけんかをした話は既に書いた。

ある日、一年上の先輩から呼び出されて散々殴られたことがある。

そのとき、僕は怖くなって殴り返せなかった。それまで同級生だったら、イケイケで向かっていったのに、年上というだけで怖くて、最初の一歩が踏み出せなくて、やられっぱなしのままで終わった。

当時のことを、三二歳になった今でも僕は強く後悔している。

今でも地元に帰ったときなど、もしそいつと遭遇したら、軽くシバいてやろうかくらい思っている。今に至るもそれくらい胸の中にモヤモヤした気持ちが残っている。一種のトラウマのようなものだ。

しかし、もしあのとき、僕が一発でも殴り返していたら、その後は違っていたと思う。

僕が殴り返して、それでも負けていたなら、それはそれで納得がいっていたはずだ。そりゃ一年上だし、体格も違うし、仕方ないと――。

殴り合いを選んでの負けだったら、後悔ではなく、笑い話になっていただろう。〝いやあ、かなわんかった〟〝あいつ強すぎや!〟そんな青春の一コマになるはずだ。しかし、僕の中で、正直、これだけは笑い話にならないと思っている。

〝あのとき、なんで一発やり返さなかったんだろう〟

今でも時折、めちゃくちゃ悔しい気持ちで思い返す。

勇気は一瞬なのに、後悔は未だにどこかに残っているのだ。小さいことかもしれないけれど、心の中から消えることはない。

僕からしたら、それくらい小さなことだって今も後悔しているんだから、誰もが後悔を残すことなく、自分のやりたいことや自分の夢に挑戦してほしいと思う。

恋愛だって、たとえばめちゃくちゃ可愛い子がいたとして、高嶺の花だから自分には無理だと思うのではなくて、とにかく一回はアタックしてほしい。

当たって砕けたなら、それはそれとして、結婚して子供ができたときにでも笑い話になるに違いない。でも、そこで踏み出さなかったら、一生、〝あのとき、もしかしたらいけてたんちゃうか?〟みたいな後悔が心の中に残るはずだ。

実際、この僕がそうなのだから。

そういう自分にならないように、勇気を出して挑戦してほしい。そうしないと、後悔という心の闇に引っ張られたまま、人生が終わってしまう。

この本を読んでいただく方に、そんな人生は歩んでほしくない。


前を見ても、振り返っても誰もいないんだ。自分一人だけの道がある。


人と同じ道を歩んで、人と比べる必要なんてない。

自分だけの道を歩めば、みんなが一番なんだ。

成功する人と失敗する人の大きな違い

一番の武器は
信用という名の「ポイント」
「ありがとう」を言われる
人生を歩め

人間には与える側の人と、求める側の人の二種類がいる——。

僕が考える成功している人の特徴とは、与えることができる人だ。

何故かというと、与える側と求める側では、当然、大きな違いがあるからだ。与える側、つまり、「ありがとう」を言われる側と、求める側、つまり、「ありがとう」を言う側には大きな差がある。よく考えると、お金や時間はおそらく与えている側が使っている。なぜなら、「ありがとう」と感謝されているからだ。

これを、スポーツの試合にたとえると分かりやすい。要は、試合で得点したとき、どちらにポイントが入っているかという話だ。

一見すると、求める側（与えてもらった側）にポイントが入っているように見える。

だが、真実はそうではない。実はお金や時間を使って「ありがとう」を言わせた側、与えた側にポイントが入っている。与える側に一ポイント入って、与えられた側には全くポイントが入っていない。与えられた側は一ポイントもらったつもりでいるが、実はポイントは入っていない。

そこを理解しておかないといけない。与える側はポイントを獲得しているから、与える側が成功しやすいのだ。

たとえば、人に与えることで「ありがとう」と言われることで発生したポイントを一〇ポイント貯めたとする。今度は、その一〇ポイントを与えていた側に使うこともできる。

「ごめん、今日だけお願いしていい？　〇〇を発売するからよろしくな」

そうなったときに貯めていたポイントを使えるわけだ。

普段からポイントを貯めていたからこそ、肝心なときにお願いすると相手が快諾してくれる結果になる。逆に言えば、普段から「ありがとう」と言って求めるばかりで全然ポイントが入っていない人は、何かを頼んでもポイントが貯まっていないから言うことを聞いてもらえない。それを勘違いしてお願いばかりしていたら、当然、嫌われる。そういう人は、「くれ!」「くれ!」と言っている〝テイカー〟だ。

与える側が、いざ、ポイントを使う必要が出てきたときに、ポイントの分だけ返そうとしてくれる人と、返そうとしない人がいたら、どっちを選ぶだろうか?

普通の人間、いや九割九分の人間は前者の返してくれる方に与える。後者は一、二回、愛想の良さだけで与えてもらえるかもしれないけれど、要するに〝一発屋〟だ。

一発屋だと分かったら、人はもうそれ以上与えてはくれない。

たまに、いろんな人を見つける一発屋もいて、そんな人を僕は「ヤドカリ」と呼んでいる。ただ、与えてくれる人を探し続けるヤドカリ人生はしんどい。

こうした、与えている側にポイントが入るという法則を意識しておくと、人に与えられるようになる。

実は、成功している人というのはこの法則を意識せずとも自然に実践している。

〝ポイントが欲しいから与えよう〟などと考えない人が一番成功しているのだ。しかもそういう人は総じて〝嗅覚〟がいいので、誰に与えたらいいか感覚的に選択できる。元から〝コイツに与えたら返ってくるから与えておこう〟という計算（打算）をする必要がないのだ。

〝コイツに与えたら返ってくる〟〝コイツに与えたら返ってこないな〟。

成功した人間は、この選別を自然に気持ち良く行えている。

〝与える側と与えられる側では、与える側が得をしている〟――それが僕の考えだ。

〝「ありがとう」をもらった数だけお金に変わる〟――そう言い換えることもできる。

与えられた側は「ありがとう」を言い、与えている側は「ありがとう」を言ってもらえる……ということは、与えている側に最終的にお金が落ちる仕組みになっている。

要するに、応援してもらいやすい環境を作っているのだ。

成功する人＝協力者が多い人間とも言えるわけで、与えている人間はそういう環境を意図的に作っているのではなく、ごく自然に作れているのだ。

この後、話をするクラウドファンディングが分かりやすい例だ。

普段から自然と与えていたからポイントがたくさん貯まっていて、それがクラウドファンディングへの応援という形につながったのだ。


逆に言えば、応援してもらえない人というのは、そういう環境を作れていない人だ。

それがテイカー、つまり求めるだけの人だ。

〝応援して！〟〝応援して！〟と求めているから応援されない。応援してほしいなら、自分も与えて「ありがとう」を言われないとポイントは絶対に貯まらない。


人間には〝ギバー〟と〝テイカー〟の二つのタイプがあって、中でもギバー＝人に与える者こそがもっとも成功すると言われている。

要するに、ポイントが貯まっている人のことだ。

その逆に、求める人、先に利益を確定させようとか、メリットを先にもらおうとする人間がテイカーだ。つまり、自分の利益を優先させる人。与えるより受け取る方が多くなるように行動する人のことで、僕から見たら、求めるだけのあさましい人間だ。

その時点で成功はない。誰かの〝おこぼれ〟で生きているような人間だ。

成功するのはギバーであって、テイカーでは成功しないというのは当たり前だ。

よくこんなことを聞かれる――。

「敬太さんの会社で働けば成功できますか？」

「敬太さんの起業サロンに入ると成功できるんですか？」

答えは簡単、「お前はバカか！」だ。

そんなことを聞いている間に、僕の会社に就職したり、起業サロンに入ったりした人はどんどん前へ進んでいるし、やりたいことを実現している。もちろん、世の中はそんなに甘くない。入っただけで成功できる会社があるなら、僕だって入りたい。

成功を自分で作り上げていくのが人生だ。それを仲間と一緒に実現できるのが起業サロンのいいところだ。

その環境（オンラインサロン）に飛び込むことが意味のある行動なわけで、それなのに先にメリットを求めるような行為は残念と言わざるを得ない。

これは絶対いけない。失敗する人の特徴だ。

何の話をするときでも一定数いるのは確かだ、こういうことを言う人が――。

「その話って、儲かりますか？」

こんな言葉は大嫌いだ。先にメリットを聞いてくる人は完全に失敗する人だ。そうやって質問してくる間に、成功している人は既に始めている。

ストレートにこう言うと、耳が痛いと思う人は多いだろう。

要するに、石橋を叩いて渡る人は成功しにくい。それだけじゃない、大概、石橋を叩くような人というのは、結局、渡らないのだ。そもそも石橋を渡る覚悟もないし、ゴールも決まっていないから何をやっていいか分からず、結局は渡らない。

僕は、叩く時間があるなら渡ってしまえと思う。

実際、石橋を叩く前に、すでに渡って半分くらい進んでいる人の方がビジネスは成功しやすい。渡って駄目なら、そのとき考えたらいい。

この二つのどちらかに入るかをしっかり意識するだけで人間は変わってくる。

今の若者は短絡的だから、〝よし！　与えてもらった〟〝やった！　得した〟と思っている人が多いが、何度も言うように、実は得をした（ポイントが貯まった）のは与えている側だ。

恩は売られるより、売った方がいい。

「ありがとう」だって、言うより言われる方がいいのだ。

だからこそ、「ありがとう」を言う人生より、言われる人生を歩んでほしい。


〝マネタイズを急ぐな！〟

この言葉だけを聞くと、どういう意味だろうと思う人も沢山いるだろう。

マネタイズに関しては後ほどお話しするが、ここで少し触れておきたい。

そもそもマネタイズを急ぐ人間は、失敗する人の特徴、人に愛されない人の特徴だ。

僕自身も有難いことにいろんな凄い先輩から後輩までビジネスの誘いをよくいただく。一番一緒にやりたくない人の特徴は、先程話したように、すぐにメリットや利益を話してくる人だ。もちろん綺麗事なしでビジネスに挑戦する以上、利益は出していかないといけない現実はある。

ただ、メリットを先に聞いたり、話してくる人間とは絶対にビジネスをしないと決めている。まず、僕は〝メリットがあるからやる！〟という人間とは会わない。

メリットなんてものは、やるかやらないか迷う段階で考えるものではなく、やってから自分たちで創っていくものだ。メリットを先に欲しがる人は、僕からしてみればテイカーだ。そんな人とビジネスしても絶対に揉めて終わるだけだ。

〝それは経営者に向いていない〟と言われるならそこまでだ。

僕はこういう気持ちいい男、経営者でありたい。

〝やりながらダメなら軌道修正していきましょう！〟

〝とりあえずやってみましょう！〟

そもそも迷っている時点で、先に挑戦している人がいて、後からスタートすることになれば勝つ確率は下がる。やるかやらないか迷うより、やってから迷う。勉強なんてものは大していらない。

自転車に乗る前に勉強したか？

とりあえず乗ってみただろう。そして転《こ》けただろう。でも乗ったからこそ、転けたからこそ、立ち上がり方も覚えただろう。そしてようやく一人で乗れるようになる。

人生はそれの繰り返しなんだ。

自分で限界を決めるな
リミッターを壊せ！

リミッターを壊せ!
——僕はいつもそう言っている。

それが起業を目指す若者に伝えたい一番重要なポイントだ。

これはビジネスでもプライベートでもどちらでも言えることだ。僕は格闘技もやっているから、突然、夜中にスパーリングをしたくなることがある。

そんなときは気のおけない仲間とジムに行って、思い切りスパーリングをやる。仕事で疲れているとか、もう寝たいとか、そんなことは関係ない。常識にとらわれていたら、人より前に進むことはできない。

そんなときは限界まで自分を痛めつけて、頭の中が真っ白になるまで相手に殴り掛かる。

これもリミッターを壊す一つの方法だ。

普段から〝ほどほど〟という言葉に縁がない僕は、人からよく「どれだけ仕事しているの？」と驚かれることがある。

そりゃそうだ。今、ユーチューブの動画を週四本で月一六本、三月からは有料のニコニコ動画も始まったから、それが月四本で計二〇本。さらに、テレビ番組の収録も入る。

一日最低一回は収録をしているようなもので、そこに、起業サロンのメンバーとオフラインで二〇人近く会う日もあるし、講演会もある。それだけでなく、時節柄、ZOOMで懇親会もよく開いている。最近は、クラブハウスという音声だけのSNSも始めた。

もちろん、本業でも動きまくっている。

いったい、どれだけ話せば気が済むんだと思われるかもしれない。

でも、僕にとってはそれが当たり前のことで、特別、人より多いとも思っていない。

そもそも、僕は元からリミッターが外れているし、いったんリミッターが外れたら、どんなことだって余裕でできる。

夜中にジムでスパーリングしていると、プロの人から「この人、ぶっ壊れてますね!」と言われることも多い。しかも、スパーリングだって力加減を考慮するような生易しいものではなく、倒れるまでぶっ叩いている。

「明日は明日の風が吹く」

そんな言葉もあるけれど、逆に言えば、明日のことを考えずに今日を精一杯生きるということだ。若い人はそれくらいじゃないといけないし、僕もまだまだ若いからそのつもりでいる。一〇年、二〇年どころか、明日、明後日、一年後のことなんか考えたことはない。

とりあえず目の前のことを一生懸命やる。

自分で決めた約束に対して、全力で約束を守り抜く。そういう気持ちでいれば、とんでもないところまで行けると信じている。

時間があれば朝からジムでバリバリ追い込んで、その後の面談など知ったことではない。常に全力を出し切る。で、シャワーを浴びているときに、ふと思う。

〝いかん！　これから面談や〟〝やばい！　体力使い過ぎた〟

――そんなふうに焦ることもあるが、いざ、面談（コンサルティング）が始まれば、頭はフル回転してサロン生に的確なアドバイスができる自信もある。

当然、面談のときも、その後にユーチューブの配信動画を撮ることなんて考えていない。まあ、リミッターが外れているから仕方ない。


人間はリミッターが壊れないとやり抜けない。

普通の人は、最初から自分で限界を決めている人が多い。自分でこれくらいと決めておいて、〝そろそろ限界だからやめておこう〟と、自分にブレーキを掛ける。

「今日はどうもモチベーションが上がらない」

最近、よくそんな言葉を聞く。しかし、そもそもモチベーションがどうこうとか言っている余裕は経営者にはない。そんなことを言っている人間はまだまだ二流だ。

自分の中のリミッターを壊せば、モチベーション自体がなくなる。とにかく、やらなければいけないのだから。

ここで、自分の日常を考えてみてほしい――。

お風呂に入るモチベーション、顔を洗うモチベーション、トイレに行くモチベーション、ご飯を食べるモチベーション……いちいち、そんなものあるわけがない。毎日やることにモチベーションなんか必要ない。

リミッターを壊せば、やるしかないんだから、〝とにかく、やれ！〟ということだ。しんどいとき、苦しいときも関係ない。それが普通なのだから。

「そこまで自分を追い込めるなんて凄いですね！」

そう言われることもあるけれど、僕の中では追い込んでいるつもりはさらさらない。そもそもリミッターが壊れているから、歯を磨くのもビジネスをするのもモチベーション的には大した違いはない。

〝さて、歯を磨くか！〟

そんな風に決断してから歯を磨く人間はいない。誰だって、朝起きたら当たり前のように歯を磨く。そこに気構えは必要ないし、悩むこともない。考えずに行動している。

僕にとってはビジネスもそれと全く同じだ。僕にしてみたら、毎日、追い込むことが日常になっている。

逆に言えば、リミッターが壊れていない人間は、すなわち、自分で勝手に限界を決めているということだ。モチベーションに左右されているような人間は、リミッターが壊れていないということだから、それはただちに壊した方がいい。

〝今日はこのくらいにしとくか〟〝もう十分だろう〟――と、勝手に限界を決めている。

そういう人間はそもそも自分の限界すら分からない。勝手にやめてしまうのだから、自分の能力の限界がどの程度なのかもよく分かっていないはずだ。

一度、リミッターを壊してしまえば、自分の能力の限界がそんなものではないことが分かるはずだ。今まで勝手に決めていた限界がバカらしくなってくるに違いない。

と同時に、眠っていた自分の力が目覚めてくるのも分かるはずだ。自分の限界が無限に広がっていくのが分かるだろう。いくらでも挑戦したくなるに違いない。だからこそ、自分で勝手に限界を決めるなと言いたい。

行くときはとことん行け。自分の限界を超えればリミッターなんかなくなるから、そうなったら、もうやるしかない。

とことんやり抜く――それが自分のリミッターを壊す最大の手段だ。

時代が変われば、
マネタイズの仕方も変わる

新型コロナウイルスの感染拡大で、世の中にはさまざまな変化が起きた。

いや、起きざるを得なかったと言う方が正しいかもしれない。

これまでのビジネスの常識が通用しない時代になったと言っていい。

そして、その変化はさまざまな形で既に現れている。その一番大きな要素がマネタイズの仕方に大きな変化が現れたということだ――。

昨年、コロナ禍で一〇万円の特別給付金が出たことは大きな話題を呼んだ。

でも、僕はそのとき、目先の一〇万円をもらうより、一〇万円を稼げる実力を身に付けた方がいいと思った。なぜなら、一〇万円をもらえたからといって使ってしまえば終わりで、そこから先は途方に暮れるしかない。

しかし、一〇万円の稼ぎ方を知っていれば、たとえその一〇万円がなくなっても自分で稼げるから安心というわけだ。

ここ数年、世界中で貧富の差が激しくなっている。しかも、コロナ禍が格差社会を広げ、貧乏人とお金持ちの富の二極化がますます大きくなるだろうとも言われている。最近の調査結果では、世界のビリオネア（一〇億ドル以上の資産保有者）の数が倍増し、最富裕層の約二一〇〇人が最貧困層四六億人より多くの財産を保有しているそうだ。

そんな中で誰もが気になるお金の話をするが、これからは本業でマネタイズすることをメインに考えない方がいいと僕は思っている。

――それはどういうことか？

分かりやすい例でいうと、たとえば、キングコングの西野亮廣さん、ホリエモンこと堀江貴文さんなど、今の日本で話題になるような成功者と言われている人たちは、本業であまりマネタイズしていない。

そもそも、〝堀江さんて何をやっている人？〟と聞かれても、よく分からない。堀江さんはオンラインサロンや講演会をやっているし、同様に、西野さんは漫才師以外にオンラインサロンを主宰したり、絵本を書いたり、映画を作ったりしている。

西野さんの場合、漫才師ならばテレビ番組や劇場などに出演してギャラをもらうのが本業のはずだが、少なくとも西野さんは、テレビでお金を稼ぎに行っていない。

テレビを踏み台と言っては言い過ぎかもしれないが、テレビに出ることで知名度を上げ、他の媒体でマネタイズをするという仕組みだ。やはり、今の世の中、成功している人というのは本業でマネタイズし過ぎていないということが分かる。


良い例を挙げると、西野さんのやり方が象徴的だ。彼はもう、テレビに出ることを本業にはしていない。お笑い番組だって顔を見ない。

すると、どういうことが起きるか？

僕もそうだが、西野さんもテレビに出たときなど嘘をつくことなく、素の自分を見せている。以前、僕は西野さんがテレビ番組の途中で帰ってしまった話を知っている。番組で出された料理が実はおいしくなかったため、「おいしい」と嘘をつくことができなくて、嘘をつきたくないために途中で帰ったというのだ。

オンラインサロン生からは、その件でさらなる信用を得たと語っている。

「俺にはそっちの方が大事だから」

そうもおっしゃっていた。まさにその通りで、僕も西野さんと同意見だ。

僕はテレビに出るとき、生放送でも収録でも、台本はいらないと言っている。経済番組からバラエティー番組までいろいろな番組から呼んでいただくが、一切、台本は読まない。

読まないというか、僕に台本は用意されていない。それはオファーがあった最初のときからマネジャーを通してテレビ局に伝えている。

万が一、台本を用意されて、「この通りしゃべってください」などと言ってくるようだったら、僕は金輪際、その番組には出ない。割と破天荒なイメージがある僕だが、空気は読める人間なので、生放送で放送事故になるような無責任な言動はもちろんしない。

一方で、僕にはたくさんの芸能人の友達もいて、彼らのユーチューブチャンネルに登場する機会も増えた。そんな彼らと話していて、一つ分かったことがある。

それは、〝テレビに出演してギャラをもらうのが芸能人の本業〟という時代から、テレビに出ることは人気を得る手段の一つに過ぎず、そこから先はユーチューブやオンラインサロンなど他のプラットフォームでマネタイズする時代になってきているということだ。

そうしないとこれからの時代は生き残っていけないのかもしれない。

何故かというと、多くのテレビ番組はコロナ禍で出演者の数を減らしている。

今までゲストが一〇人以上いたようなバラエティー番組も、ソーシャルディスタンスを取った結果、ゲストもせいぜい三、四人になってしまった。しかも、ほとんどの大企業が苦しんでいるから広告費の削減はやむを得ない。

テレビ番組のスポンサーから降りるケースも多いようで、その結果、番組制作にあまりお金を掛けられなくなっている。こうした傾向は、たとえ新型コロナウイルスのワクチンが国民に行き渡って、今まで通りの日常が戻ったとしても、もはや変わらないだろう。

そもそも、日本のテレビ界はとっくの昔に低迷している。

今の若い人はほとんどテレビを見ていない。何をしているかというと、スマートフォンやタブレットでユーチューブやゲーム、サブスクリプションサービス（定額制配信）でドラマや映画、アニメを見ている。

その結果、タレントの生き残りも厳しく、儲かっているタレントとそうでないタレントに二極化している。一方で、テレビ番組に出てギャラをもらうことがゴールではなくなった。テレビである程度人気が出たら、今度はユーチューブなど他の媒体をメインに収入を得る時代がくるかもしれない。

昨今の日本で言えば、格闘技界が再び盛り上がってきている。

たとえば、ＲＩＺＩＮの朝倉未来《みくる》選手は自分のユーチューブチャンネルを持っていて、登録者数が実に一七〇万人以上、総再生回数は五億回を突破したそうだ。

ただし、朝倉選手は格闘家だから、試合に勝って強いことを証明しないとファンからそっぽを向かれてしまうこともあるだろう。

試合でＫＯでもされようものなら、きっとこう非難されるだろう。

〝遊びでユーチューブなんかやってるから勝てないんだ！〟

当然、そういう声が上がる。だから、副業でマネタイズするためには本業もおろそかにしてはいけないし、絶対に負けられないわけだ。

ファンは強い朝倉選手しか見たくないはずで、強い朝倉選手でいることが副業のマネタイズにつながるのだから。

僕が想像するに、ＲＩＺＩＮでの試合のファイトマネーよりユーチューブの収入の方が圧倒的に高いと思う。ということは、朝倉選手も本業だけでマネタイズしていない。

これも、昔は〝サイドビジネスは本業の邪魔だ〟と批判されていたものだ。

「お前、本業もまともにできないのに何やねん！」

もちろん、副業が目立っても許されるのは、本業で結果を出しての話だ。

本業がサラリーマンなら、本業をしっかりこなさないといけない。その上で、次の一手を考えていかないと、生き残ってはいけない。一方で、気が付けば、ユーチューブでマネタイズする手法が主流になってきている。

子供が将来なりたい職業の上位にユーチューバーが入ってくる時代だから。

当然、朝倉選手だけでなく、サッカーの本田圭佑選手にしても、他でマネタイズをしている。彼は選手だけで終わらないようにビジネスをしている。だから、朝倉選手も本田選手も、それを見据えて格闘技をする、あるいはサッカーをするわけで、別の仕組みでマネタイズを考えて経営するのはこれからの時代、重要なことだ。

サラリーマンはお笑いタレントや格闘家とは違って、副業ができる人とできない人がいるのが現実だ。ただ、会社の収入だけでは先が見えて、年収一〇〇〇万円にもなったら、そこから上にはなかなか行けない。大企業の部長でも年収一億円とまではいかない。

そういうことを考えると、他でマネタイズを考えないといけない。

そこで得た情報や、そこで得たノウハウや能力を、他で利用してマネタイズすればいいわけだ。それができないとこれからの時代を生き抜けないと僕は思う。

「個」の時代から
「チーム」の時代へ
ピンチのときこそ
チャンスだと思え!

コロナ禍で大手企業に就職しても守ってくれない時代になったことが明白になったし、終身雇用なんて夢のまた夢、〝安定〟という言葉は日本社会から完全に消えた——。

だからこそ、本業でマネタイズするのも当然のことだが、それ以外、本業以外の別のマネタイズ方法もしっかりと考えた方がいい。

二〇一八年に政府は副業を推進し、世間では副業熱が高まっている。

副業解禁というと聞こえはいいが、要は〝会社はあなたの生活の全てを守る気はない、不足分は自己責任で稼いでください〟と公言しているようなものだ。

まずは、そこをしっかり把握しておかないといけない。

僕はどうかというと、あくまで本業は飲食、美容、エステ、ジムといった実業だ。こうしたポジションは、今後も決して変わることはないだろう。

その他、二年前から始めた起業サロンや二〇二一年春にオープンした「寺子屋東京」の運営などの他、ユーチューブ、インスタグラム、先日始めたニコニコ動画など、さまざまなSNSに力を入れている。

だが、これは大切なことだが、そもそも、僕はそれらで儲けようとは思っていない。宣伝、コミュニケーション、あるいはネットワーク作りや優秀な人材を巻き込むための手段として、それぞれのSNSの適性を有効活用して役立てている。

ユーチューブに関していえば、二〇二〇年六月から日・月・水・金の週四回更新ということで始めた。一回の動画は五分~十数分で、週四回更新はなかなかのハイペースだが、今日まで続いている。既に一二〇本を超えたが、話のネタは全く尽きない。

やはり、僕は〝限界〟という言葉とは縁がない。

「辻さんの言葉って響くから、たくさんの人のためにユーチューブやりましょう」

スタッフの一人にそう言われて始めたものだ。たいていは視聴者からの質問形式で、思いつくまま僕の考えを述べているが、もちろん、台本は全くない。

「辻さんの言葉を聞くと勇気が出ます」
「辻さんのユーチューブを見るのが日課です」

そうおっしゃってくださる方がたくさんいるので、そういう人が一人でもいる限りは続けたいと思うし、僕のユーチューブを見て、踏みとどまっていた人が思い切って挑戦したり、悔やんでいた人が前を向いたりできるようになれば幸せだ。

ただ、そもそも僕はユーチューバーではない。

広告費をもらって生活しているわけではない。ただ、僕のユーチューブを見て影響を受けて、僕の会社に就職してくれた人も、起業サロンに入会してくださった人も当然いる。

SNSを使いこなしている若い子たちは、感性も優れている人間が多いので、優秀な人材が眠っていることが多い。そういう人たちが僕や僕の仲間に興味を持ってくれて、新しいビジネスに繋がることもたくさんある。SNSの利便性はそこにある。

実際、僕の知り合いでも、求人雑誌に募集広告を載せることなく、ユーチューブから優秀な人材が集まったという声もよく聞く。その点で、ユーチューブは求人広告や会社説明、集客ツールとして圧倒的な強みを発揮する。

これが不特定多数が対象となる求人雑誌の場合、たとえ応募がきたとしても、どんな人間が来るかは実際に会って話してみないとよく分からない。でも、ユーチューブなら、元からその会社や人に興味がある人が見ているのだから、考え方や哲学に共感してくれる人間がやって来る可能性は高くなるのは間違いない。

求人雑誌よりマッチング効果が高いのは当然だし、何より、雑誌に広告を載せるのとは違って、掲載費用がゼロという大きな利点もある。

今の時代、本業だけ熱心にやっている経営者は時代の波に取り残されてしまう。大勢の優秀な若者を巻き込みたいなら、ＳＮＳの感度も良くしておかないといけない。

この本を読んでくださっている方の多くは若者だと思う。僕より多少上の三〇代と二〇代の若者には、僕の言葉は響くはずだ。

時代が変わっているのだから、ビジネスの考えも変えていかないといけないし、マネタイズの仕方も変えていかないといけない。

そういう人には共感してもらえることと思うが、一方で、それを批判する人たちが必ず一定数存在する。オジサンたちにマネタイズの方法が変わったなどと訴えると、違う感想を持たれるかもしれない。

「石の上にも三年だ!」

「本業に打ち込め!」

僕より遥か年上の、脳みそが凝り固まったオジサンたちは、そう言うに違いない。

「ほんの少し前に起業したような若造が、少し利益が出たくらいで調子に乗るな」

きっと、眉をひそめてそう言ってくるだろう。

「それはあなたたちの時代の常識でしょう」

僕はそう答える。すでに時代は変わっていて、あなたたちの時代より世の中が変わるスピードが進化しているのだ。これを〝世代交代〟と言う。

「石の上にも三年!」とか言われたら、僕は「亀か‼」と言い返す。

今の時代、石の上に三年もいたら、きっと化石になっているに違いない。

そんな時代だからこそ、自分が正しいと思ったシステムを考えて、いろいろなことに挑戦して、新しい時代のマネタイズの仕方を実践してほしい。


占星術では「土」の時代から「風」の時代になったが、僕は、これからはやはり「個」の時代、そして「チーム」の時代がくると見ている。

個の力をつけた若者たちが支え合い、協力し合う時代だ。

二〇二〇年のコロナ禍を経験して、僕はその思いを強くした。

その理由の一つに、自粛の時期でも売り上げが上がった美容師と下がった美容師に大きく分かれたことが挙げられる。僕のところに上がってくるデータを見て、改めて個の力が売り上げに大きな影響を与えていることが分かったのだ。

僕自身もコロナ禍で苦しい状況に立たされて、正直、社員全員を守れないと思った。

僕はすごく人が好きで、人にモテたくてやってきたから、従業員全員を守りたい気持ちはあったけれど、苦渋の選択の結果、それでも全員を守ることはできなかった。

――ということは、ほとんどの会社は従業員を守れないということだ。

いつまでも守ってもらえると思っているなら、それは大間違い。現に、インターネット上には、どこそこの大企業が何百人削減を決めたというニュースで溢れている。だが、その一方で、優秀な人材は誰だってクビを切りたくない。今回、優秀な人材は全て残っている。

何もできなくたって会社は守ってくれる……そう思っていたら大間違いだ。

世の中には、クビを切られた、給料を下げられたと嘆いている人が多い。でも、それって違うと僕は思う。クビを切られたのも、給料が下がったのも自分のせいだ。

仮に減給でもされようものなら、

「じゃあ、辞めます！」

「それなら独立します！」

そう言えるくらいの実力を付けておけば全然困らないし、そもそもそんな実力のある人間はリストラ名簿の最後にあるに違いない。

今後も日本経済がV字回復するとは思えない。そうなると減給は続くと思うし、リストラも増えるだろう。それでも、今できることというのはたくさんある。そう考えたときに、やはり、個の力を見詰め直し、自分を鍛え直すことにお金を使うべきだ。

たとえば、僕の起業サロンでも、優秀な人ほど入会を希望してくる。

でも、優秀でもなければ、お金の余裕もない人に限って入ってこないし、入っても

すぐに諦めて継続できない。これが何を意味するのか？

つまり、優秀な人ほど、もっと優秀な人間になりたいと思っているということだ。

〝こういうときだから挑戦してみよう！〟

〝こんな時代だからこそ、学びにお金も時間も使わないといけない〟

よく、無料と言う言葉を目にしたり聞いたりするが、無料が一番怖い。

だったら小学校、中学校、高校、大学と全て無料でいいし、なぜ、大学に行ってまで遊ぶのか？　そう、親のお金で行かせてもらっているからだ！

いかに身銭を切って、自分にお金と時間を投資できるかが大切なんだ。

居酒屋の飲み放題や焼肉の食べ放題でも、限界でもあと一杯、あと一皿と元を取ろ

う と頼む人はよくいる――これなんだ！

お金を自分で出すことにより、人間は損をしたくないという気持ちになるから限界を越えることができる。

意識の高い人はみんな、そう思っている。意識が低い人ほどピンチを嘆くが、逆に言えば、意識の高い人ほどピンチはチャンスだということが分かっている。

では、ピンチをチャンスに変えるにはどうしたらいいか？

視点を変えてみるのもその方法の一つだ――こんな話がある。

一九九一年九月、青森県に台風が来て、収穫前の九割のリンゴが落ちてしまった。作った九割のリンゴが売れなくなり、リンゴ農家の人たちは嘆き悲しんだ。

しかし、このピンチでもチャンスと捉えた人はいた。

逆に一割の落ちなかったリンゴを「落ちないリンゴ」と名付けて、一個一〇〇〇円という高値でその年の受験生に販売すると、バカ売れしたという話がある。

その人は落ちてしまった九割のリンゴに目を向けず、上に残っていた一割の落ちなかったリンゴを見ていた。どこを見るかで人生はこんなにも違う。

考え方や視点を変えるだけでピンチもチャンスになるということだ。

先ほども書いたように、今から起業する人にはチャンスしかないのだから。物価は下がっているし、不動産価格も下がって家賃交渉もできる。〝今、挑戦しないでいつするの？〟という話だ。

だからこそ、個の力を付けることを意識した方がいい。

一サラリーマンじゃなくて、一個人。これからは個人事業主の時代がくる。

今は会社があって、会社に雇われて給料をもらっている。でも、これからはそうじゃない。僕の美容室は既に変わっているが、美容師は全員が「個人事業主」だ。

実はこれ、プロ野球選手も同じだし、コロナ禍で在宅ワークが増えたことから需要が増し、最近急成長しているフードデリバリーのウーバーイーツだって同じだ。プロ野球選手は球団＝会社と契約している個人事業主だし、ウーバーイーツの配達員も社員ではなく、個人で契約して仕事を請け負う個人事業主なのだ。

会社が美容師に場（美容室）を提供して、個々の美容師がお客様の髪を切る。もちろん、馴染みの顧客が多い人ほど収入は多い。飲食業界でも建設業でも、全ての業界でそうなる時代が近い将来やってくる。

なぜなら、この経済情勢下で、会社は人を雇うリスクを負わないからだ。

だから、近い将来、社員では雇用できないので、個人だったら、委託だったら雇うという会社は増えていくだろう。

これからますます貧富の差が拡大する時代で、会社に社員全員を守る力はない。大手企業でも能力のない社員は情け容赦なくクビを切られる一方、能力のある社員は昇進する。

大手企業で働く、中小企業で働くという考え方以前に、個の力を付けておかないといけない。そうなれば、働く場所に関係なくどこでも活躍できるし、収入も生まれる。

これからの若者は、もっと、個の力にフォーカスして、給料をもらっているという考え方ではなく、自分で給料を作る気持ちでやっていかないといけないだろう。

このようにコロナ禍のこの一年で、大手企業にいれば安定だという常識は一気に崩れた。

個の力が問われる時代だ。どんなに大手企業に就職しても、力が無ければ会社は守ってくれない、というより守れない。

もちろん、力がない人からクビにしていくのは当たり前だ。


それから約一年。

時代の変化のスピードはさらに加速して、個の力だけではどうしようもない時代がやってきていることに、ほとんどの人は気付いていないだろう。

従業員にしても、結果は出ていないが、必死に努力している人は助けたくなる。応援してもらいたいではなく、応援してもらえる自分を創ることだ。


個の力を付けた者たちがチームの時代を創り出す時代になった。

そもそも、僕たち人間は一人では何もできない。グループに所属することによって、助け合いができてより大きく進化できる。

コミュニティーもそうだ。いろいろな人が集まるコミュニティーで、一人では成し遂げられないことが可能になる。現に僕が運営するオンラインサロン（起業サロン）

でも、たくさんの業種の人が集まり、お互いが足らない部分を補い、ビジネスを成り立たせている人が多い。起業サロンのグループLINEはそれぞれの業種の人が多いので、困ったら、そこにLINEでメッセージを送り、助け合っている。

これこそがこれからの時代に必要なことだ!

そして、起業サロンは一切の値引きはしない。むしろ入会金をつけて入会する金額を上げたぐらいだ。もちろんいい加減な人には退会してもらう。優秀な同志が集まるコミュニティーにしないと何の意味もない。

基本的に懇親会はお酒は禁止だし、徹底的にビジネスの話をして綺麗事なしにお金儲けにつなげないと、投資している時間もお金ももったいない。

お酒を飲んでわいわい楽しむならサークルに入っていた方がいい。僕たちは夢をかなえるために集まり、与え合っている。

オンラインサロンの話はこの後に詳しくさせてもらう。

苦境に陥ったときこそ
人は救いを求める

個の力を磨くためにどうしたらいいか?
——その答えの一つが、オンラインサロンにある。

二〇二〇年の僕の本業での苦境は既に書いたが、その一方で、昨年一年間で僕の運営する起業サロンの会員は大幅に増えた。これは僕の予想通りだった。なぜなら、苦境に陥ったときこそ成功の仕組みを探し求めている人が増えるに違いないと考えたからだ。

ここで僕のオンラインサロン「辻敬太起業サロン」について話したい。

今や日本で第二位の売上を誇る……などと、よくメディアでは取り上げてもらうことも多い。何故、わずか二年余りでここまでのメンバーが集まり大きくなったのか。

——そのあたりも包み隠さず話したい。

最初に僕がオンラインサロンを始めようと思ったとき、ネーミング、つまりサロン名をどうしたらいいかをまず考えた。

主宰者の名前を冠した〇〇〇〇オンラインサロン、僕の場合なら「辻敬太オンラインサロン」というありがちな名前にはしないと最初から決めていた。

僕は何でもとにかくこだわる人間だから、サロン名にもこだわりを持ちたかった。

辻敬太オンラインサロン――そんな名前はビジネスセンスがなさすぎる。

そこで、オンラインサロンに興味を持っている人の気持ちになって考えた。

もし、オンラインサロンに入りたい人がいたとしたら、その人はとにもかくにもインターネットでオンラインサロンを検索するはずだ。

そんなとき、誰か知らない名前の人がやっているオンラインサロンのページなんてスルーされて、ホームページを開いてもらえることなんてないと思う。

これが、西野さんやオリエンタルラジオの中田敦彦さん、堀江さんなら別だ。彼らの名前は誰でも知っているから、名前さえ冠していればサロン名として十分通用する。

さすがにそこまで名前が知れ渡っていない僕はどう考えたか?

そこで僕は現実的に考えた。ポイントはオンラインサロンのテーマだ。テーマ――何を目的としたコミュニティーなのかを明確にしないといけない。そして、一番最適なのは、その目的に沿った分かりやすい名前を付けることだ。

僕は、運営するオンラインサロンのテーマを「起業」と考えていた。僕自身がかつて若くして起業したように、これからの時代、起業を考えている人を応援したいというのがオンラインサロンを作ったきっかけだ。

なら、「起業」を名前に入れるのが当然の結果だ。

起業の二文字が入っていれば、日々、起業を目指して模索している人たちの目に留まるはずだと考えた。そこで「起業サロン」という名前が生まれた。

これなら、僕の名前を知らなくても、起業を志す人間の目に留まるはずだ。

しかも、こうした名前を付けることでコミュニティー全体が同じベクトルを向く。

そして、同じベクトルを持つ人たちが集まればビジネスマッチングや起業の勉強といったケミストリー（化学反応）が起きる。いわゆる同志たちが集まるコミュニティーなら、みんなで与え合える関係を築くことが可能になるに違いない。

実は名前だけではなく、もう一つ、戦略的に考えたことがある。

僕がオンラインサロン業界に参入するとき、一番気に掛けたのは差別化に他ならない。

そこで僕は最初に、既にスタートされて人気を得ているオンラインサロンの入会金や月額の費用、サービス内容を調べることにした。その結果、分かったことは、いずれも会費が低価格で、サービス内容も素晴らしいというものだった。

ということは、同じレギュレーションで情報を配信したところで、年齢も経験も下の僕のオンラインサロンは、どう考えても見劣りすると自覚した。

つまり、僕がオンラインサロンに入る側になって考えてみれば、情報を受け取ったり、懇親会で人脈を作ったりするだけであれば、おそらく西野さんや堀江さんのオンラインサロンに入るだろう。それは間違えようのない事実だ。

そこで僕は考えた――じゃあ、この人たちがやれないことをしよう。

その結果、一人ひとりに時間を割いて、一ヵ月に一回、直接一対一で会うことにしようと考えた。以前、AKB48の〝会いに行けるアイドル〟というキャッチフレーズが流行ったが、それと同じで、〝会いに行ける経営者〟になろうと考えた。サロン生から見れば、定期的に会えて悩みを相談できる機会があれば魅力的だろうと思った。

よく考えてみれば、ネットの知り合いが現実で会うのは〝オフ会〟だから、そうなったらオンラインサロンでなく、オフラインサロンになるのかもしれない。

でも、そのときの僕は、これは僕にしかできないことだと考えた。

実際、この作戦は大成功で、他より会費が高いにも関わらず入会者も増えている。やはり、実際に会えるというオプションは大きなアドバンテージになっているようだ。

それから二年。僕の起業サロンはやはり、オンラインサロンというより、オフラインサロンになっている。サロン生とも直接、面談をしているから、僕はいつでもフランクに会える主宰者というイメージだろう。

情報や知識、経験で互角以上に戦えなければ、圧倒的な時間を利用する。その結果、たくさんの人が僕に会いに来てくださり、会うたびに信頼関係が生まれた。

そうすると、一人ひとりの考え方やビジネスの方向性を聞いてアドバイスができる。芸能人のオンラインサロンのようなファンクラブでもないし、不特定多数の人に向けて情報を発信する形でもなく、僕にしかできないオンラインサロンになった。

その結果、この二年でたくさんの起業家を輩出できた自負はあるし、今も続々と起業家を目指す若者がサロンに入会してくれている。そうすると、メディアはもちろん、人も放っておかない。そうやって、みるみるうちに会員数が増えた。

振り返ってみれば、オンラインサロンも僕が始めた頃は、〝オンラインサロンて何？〟と聞かれたものだ。

それが今では、みんながやり始めて一つのブームのようになっている。

「敬太さんの起業サロンがなかったら、生きていけないです」

サロン生の中には、そこまで言ってくれる人間もいてくれる。最初は否定していた人たちも、結局、入会してくれた。

その意味でも、オンラインサロンというのは今の時代に合ったやり方だと思う。今や、起業サロンは僕にとってなくてはならない存在になっている。

今、起業サロンは懇親会を月四回、講演会を月一回開催している。それプラス、ZOOMで毎日朝活をしているし、講義もしている。

僕の起業サロンは実に密な体験ができるのだが、やはり密にかかわらないと絶対に起業という形にはつながらない。その点ではすごく自信と誇りを持っている。

しかも、僕の考え方や起業の実務に関して知りたいことがあれば、いつ何時、LINEや電話による相談にも僕自身が直接対応している。正社員がいいか業務委託がいいかなどの相談からマネタイズのタイミング、あるいは人件費や家賃など細かい情報まで、できる限り答えている。もちろん、定期的にマンツーマンでのコンサルティングもしている。

当然ながら、起業を目指す人には大学の経済学部で学ぶより有意義と考えている。なぜなら、大学教授もしょせんはサラリーマンで経営経験はない。それに対して、僕は経営者としてあらゆる経験をしてきたし、サロン生の中にも起業家がたくさんいる。

将来、起業家を目指すなら、どちらが吸収できるものが多いかは一目瞭然だ。

これから起業したり、ビジネスで成り上がったりしたいと考えているなら、大学で学ぶことよりも、起業サロンに入った方が得だ。

起業サロンで、実際の経営者に会って学べる方が得るものは大きい。


僕は自分の起業サロンに誇りを持っている。

今では、いろいろな方がオンラインサロンを運営しているけれど、芸能人などの有名人は多いが、経営者がやっているものは意外と少ない。

でも、正直言って、そういうオンラインサロンは何を教えているのかよく分からない。

その点、僕のオンラインサロンは〝起業〟に特化している。僕自身、実業でうまくいったこともあれば、失敗もしている。自社でも拡大しているし、フランチャイズでも拡大している。物販もやっているから、一通りのビジネスをやってきたという自信もある。

月に一回の面談で、何を聞かれても答えられる自信があるし、的確なコンサルティングもできる。飲食も、美容も、ジムも、いろいろな業界の仕組み、長所も短所も全て具体的に指導できる。

そこに関しては指導できない部分は全くない。しかも、何度も失敗をしているから、転《こ》けたときの立ち上がり方を具体的に教えることができるのも大きな強みだ。

経験がある、キャリアが違う、場数が違う——三二歳という若さにしては、絶対的な自信がある。僕なんか危なくなって間一髪拉致されそうになった経験も何度もあるし、そういう体験を聞けるというのは大きな財産になる。

現在、僕の起業サロンには、毎日のように将来有望な若手起業家が集まってくる。会費は月額三万円だが、その三万円で一〇〇〇人近いメンバーと出会うことができる。なかなか会えないようなメンバーとも会えるのは大きな強みだ。

たまに僕自身、レベルの高いオンラインサロンに入会して、もっと情報を得たいと考えるときもある。しかし、残念ながら僕のレベルに見合うオンラインサロンはない。

月額三万円という決して安くはない、いや、はっきり言って他のオンラインサロンより高額な会費をいただいている以上、起業に関するアドバイスやマッチング、さまざまな情報など、それを超えるだけの〝得〟を提供することを心掛けている。

――それが分かりやすい僕の起業サロンのマイルールだ。

これが僕の起業サロンの離脱率が圧倒的に少ない理由と言えるかもしれない。

「入っているだけで三万円以上の得をするのだから、やめる理由がない」

よくメンバーの方にそう言ってもらっている。

僕の起業サロンに集まる多くの若者は、人生を変えるため、大きな目標をもって集まっている。そうしたメンバーの背中を押して、実現を助けていくのが僕の役目だ。

ここには、たくさんの魅力的な若者、そして、日本の未来と夢が詰まっている。

人気と認知を勘違いするな
信用してくれる人に
嘘はつかない

一方で、いまだにオンラインサロンは怪しげな存在と思っている人も多い――。

どうも、オンラインサロン＝宗教と思われているようだ。

まるで、新興宗教の信者のように、教団から壺を買わされたり、貢いだり、騙されてお金を搾り取られているような構図を思い浮かべている人も多いらしい。

僕自身は会費以上のものをサロン生に提供しているという自信があるので、そんな戯《ざ》れ言は聞くに値しないし、信者と言われると、一面的には新興宗教にお金を貢ぐ人のようで、悪い意味に取られるかもしれない――特に昔かたぎの頭の古い人には。

「信」じる「人」と書いて「儲」けると読むのは紛れもない事実。

だけど、そもそも、信者は何も悪いことではない。何より、人を信じているのだから。人を信じる行為をいけないことだと言って非難していたら、世の中、生きていけない。

そもそも、それだけ人を信じられるということは、人を疑っている人よりよほど格好良い。

僕は僕の〝信者〟や信用してくれている人たちを裏切らない。

だから、テレビや知り合いのユーチューブに出たときも嘘はつかない。その結果、たくさんの人が僕に賛同してくれている。起業サロンもたくさんの人が賛同してくれて、ここまで大きな組織になることができた。僕の会社の従業員も同じだ。

「辻さんは、テレビで綺麗事を言わない。SNSでも綺麗事を言わない。あの人は、本音を直球で言ってくれるから、信じられる」

みんな心からそう言ってくれている。だから、僕はテレビでも何でも、他人が望むキャラクターを〝演じる〟ことはない。あくまで俺は俺だ！

先日、嬉しいことに大手企業から一万人規模のイベントの講師を依頼された。

だが、送っていただいた契約書を読むと、これは言っちゃいけない、あれは言ってほしい……といろいろな制約があった。これでは納得できない。そこで僕は、制約が一つでもあるならお受けできないと、先方の担当者にはっきり言った。

当然、講演を依頼してもらって対価が発生する以上、先方にマイナスな話や営業妨害のようなコメントは絶対に言わない。そこは人間的に空気を読めるので理解している。

しかし、話の内容まで細かく縛られてしまっては、それは僕の講演ではなくなってしまう。僕は誰かの操り人形ではないから、あらかじめ用意された原稿を代弁するような講演ならしたくない。

せっかく僕に依頼してくれたのだから、僕は僕なりの言葉で伝えたいと思った。

いくらお金を積まれようと、条件付きならお受けできない。本当に僕が心から思っていることを伝えていいのなら喜んで受けたい。大企業で講演させてもらえるのは光栄なことだから、ぜひ受けたい――僕はそう返事した。

その結果、先方も理解してくれて講演が決まった。本当にありがたいものだ。

条件なしということは、その講演も起業サロンの講演会の延長にあると言っていい。〝辻さん、お金をもらっているから綺麗事を言っているな〟にはならないと誓える。

僕は絶対に嘘はつかない。だから、人気が続いている。

そして、この後紹介するように、たくさんの人が僕の夢に賛同してくれて、二八〇〇万円というお金をクラウドファンディングで応援していただいた。みんな、若者の学び場を作ることに賛同してくれたのだ。

僕はいつも結果が全てだと思っているので、もし、この本を読んで〝それは違う〟と批判があるのなら、僕以上の結果を出してほしい。僕以上の結果を出してから会いに来てくだされば、僕はいつでも〝負けました〟と頭を下げる。


この世の中、人から信用をもらうということは決して甘いものではない。

今、芸能人の方も次々とクラウドファンディングをやられているけれど、僕より集まっている方はいない。あるいは、オンラインサロンでも、経営者で僕の起業サロンより組織が大きくなっている人はいないだろう。

おそらく今後も出てこないだろう——それだけは自信がある。

ただし、正直な話をすれば、芸能人は認知度が高いから確かに凄い。

日本中の人に知ってもらっているという点では確実にリスペクトしている。でも、僕の生き方、死に方の基軸は認知度にあるのではない。

僕が思うのは、人気と認知を勘違いしている人が多いということだ。

仮に僕が有名な芸能人と一緒に街を歩いたら、一〇〇人中九〇人は僕ではなく、その芸能人に声を掛けるだろう。芸能人の認知度は当然、僕より高いからだ。でも、人気があるのはどっちという話になると、僕はそういう芸能人たちより遥かに人気がある。

それはなぜかというと、前述したように、信用というポイントを貯めてきたからだ。

何より、僕は嘘をつかなかった。僕の認識では、認知されている人というのは嘘をついて生きている人が多い。その分かりやすい例が芸能人だ。

僕もテレビに呼ばれることが多く、それで分かったことは、芸能人が出ているテレビ番組には全て台本があるということだ。ドラマは当然だが、バラエティーにも報道番組にも台本はある。放送作家、あるいは構成作家という方が番組の流れに沿うよう書いた台本だ。

そもそも日本の報道番組や経済番組はワイドショーと同じだ。その点に関しては、僕もテレビに出ているから説得力があると思う。そして、テレビに出ているほとんどの人は台本通りに話す。つまり、自分の意見ではない、嘘を話すということだ。

僕はテレビに出るとき、基本的に台本はいらないと先方に伝える。

だから、バラエティー番組でも、どんな番組でも台本はもらわない。経済番組に出るときだって、僕が座る席だけ台本は置かれていない。

「何故ですか？」と聞かれると、「嘘をつきたくないから」と正直に言う。

生放送の経済番組でも、僕は嘘偽りのない本音を言いたい。それに対して、「台本を読んでもらわないと困る」と言われたら、僕は出ない。

テレビで調子の良いことや台本通りの嘘を言って好感度を上げて、認知度を高くするようなやり方はしたくない。だったらギャラはいらないから台本なしでお願いしますと言う。

好き勝手を言わせてもらって、もし、それが番組的にＮＧなら二度と呼んでもらえないだろう。でも、そこで二度と呼んでもらえなくっても構わない。

二度と呼ばれなくなるより、従業員やオンラインサロン生にこう思われて信用をなくすことの方が僕にはよっぽど嫌だ。

「あいつ、いつもと言っていることが違うじゃん」

「ブレてるじゃん！」

そんなふうに思われたくはない。だから、僕が出るテレビ番組は常に台本なしだ。

ただし、僕はテレビで〝演じている人〟を決して批判しているわけではない。世の中を生きていくには誰だってお金を稼がないといけない。たとえば、テレビに出てお金をもらうのが仕事の人なら、台本通りにやるのは当然だ。そういう芸能人たちは嘘、というより演技＝芸をしてお金をもらうのが仕事だから、それはそれで仕方ない。

おいしくない料理もおいしそうに見せるのが、彼らの仕事なのだ。これは決して批判しているのではない。それが仕事なのだから、番組の意向に沿うことをやらなかったら事務所からクビにされるし、二度と呼んでもらえない。

彼らにとってはそれが真っ当な仕事で、それをどうこう言う資格は僕にはない。

一方で、僕が何故、台本なしで出られるかというと、テレビに出てご飯を食べていないからだ。芸能人の方はテレビでマネタイズしないとご飯が食べられないから、そうしているのだ。

テレビに出ることでご飯を食べていたら、僕だって嘘をつかないといけない状況に陥っているだろう。でも、もちろん、僕はテレビ番組のギャラをあてにしていない。たくさんのテレビ番組に出て認知されるよりも、たくさんの人の人気を得たかった。その人気があるから、クラウドファンディングも日本最速で二八〇〇万円応援されたわけで、僕より認知度が高い人間が、僕より人気があると言っている俳優さんやタレントさんがいるならば、僕より早くクラウドファンディングを達成してほしいものだ。

あなたに何人の人がお金を出す価値があるか？

そこで人気なのか、認知なのか、はっきり答え合わせができる。

全部本当のことをさらけ出した上で、「そんな辻さんだから尊敬できる」「どこまでも辻さんについていく」と言って欲しかった。それこそが「人気」だ。

僕は人気が欲しかったわけで、その意味では、信者と言われても構わない。つまり、人気な人と認知な人の大きな違いは、信者がいるかいないかと言い換えてもいいくらいだ。

幸い、僕には人気があって、大勢の仲間がいて、僕を信じてくれている。その人たちを僕は絶対に裏切りたくはないから、僕は死んでも絶対に嘘はつかない。

国内最速記録で
クラウドファンディング
最高支援額を達成
「寺子屋東京」で
若者に実学の場を!

暗い話題が多かった二〇二〇年でも、僕はチャレンジすること、前に進むことを決して諦めていなかった。

その一つがクラウドファンディングに初めて挑戦したことだ――。

既に少し触れたが、僕は「寺子屋東京を作る」というテーマで、一〇〇〇万円を目標に二〇二〇年六月七日にクラウドファンディングをスタートさせた。そして、七月一九日に二二一人の応援により、実に目標額の二八〇パーセントという二八〇〇万円もの資金を集めて募集を終了することができた。

その間、わずか四三日で、これは国内最大のクラウドファンディングサービス「CAMPFIRE」での、日本最速達成記録だという。

これには僕も感動した。と同時に、これこそ僕が言いたかった〝信用の答え合わせ〟だと思った。本業でもオンラインサロンでも、そこに参加してくれている人たちには、僕がもらったもの以上のものを与えてきたという自負があったからだ。それがクラウドファンディングの結果に結び付いたのではないだろうか。

先ほど書いたように、僕がこれまでたくさんの人たちに与えてきたことで貯まったポイントが、応援金額という形になって返ってきたのだと思う。

応援してくださった方や、従業員や起業サロン生には感謝しかない。

僕は以前から、「学校を作りたい」、「国作りをしたい」とずっと言っていた。

その第一歩として寺子屋という学びの場を作りたいと思った。でも、一人で作っても、それはただの自分の願望だと思った。もっとたくさんの人を巻き込みたかった。

そもそも、自分のお金で寺子屋を作るのなら簡単だし、それくらいの資金はある。でも、それでは僕一人の願望の実現でしかない。たくさんの人たちがお金を出して応援していただけることで、その人たちも僕と同じ夢を持ってくれる。一人の願望からみんなの願望にしたかったので、クラウドファンディングという選択をした。

寺子屋を選んだのは、小学校、中学校、高校、大学では学べなかったことを、そこで学べばいいではないかと考えた。これだけの資金が集まったということは、みんな日本の教育というものに疑問を持っていて、一度は似たような考えを持ったことがあるのだろう。

こうしてクラウドファンディングをやろうと思ったわけだが、僕も所詮は一般人、たかが経営者の一人だから、目標金額の目安は普通の人がクラウドファンディングをやるように二〇〇万～一〇〇〇万円、せいぜい二〇〇〇万円くらいだと最初は考えた。

でも、僕は目標金額を一〇〇〇〇万円に決めた。

なぜなら、そこは低い目標を設定しても説得力がないと思ったからだ。

〝辻敬太が一〇〇〇〇万円行きよった！　こいつ本当に凄いな！〟

――そう言わせたかった。

一方で、〝バカか！　そんなにいくはずがないだろう〟と批判されるかもしれないとも思った。何度も言うように、聞く耳は持たないが……。

結果として、その三倍近い金額が集まった。まあ、それだけ結果を出しても、批判する人は批判するかもしれない。そんな批判はどうでも良くて、正直、それだけたくさんの人が賛同してくださったことが嬉しかった。

本音としては、正直、一〇〇〇万円も置きにいった感はある。一〇〇〇万円が達成できることに関して僕は自信があった。

起業サロンでは、僕は基本的に一対一でコンサルティングをしている。多い日で実に二〇人と面談をすることもある。

よく、その時間もったいないだろうとか、その時間で人脈を取りに行けるだろうとか、もっとお金儲けできるんちゃうか……などと同業者から言われることも多い。

何度も言うように、そもそも、セミナーや塾ならいざ知らず、オンラインサロンと銘打っているのに対面で会うこと自体がどうなの？　とも言われていた。

それでも自分を信じ抜いて、今日までやってきて良かったと素直に感動した。

日本最速記録を達成したときは、その思いを感じ取ってくれている人は感じ取ってくれたのだと思って凄く嬉しかったし、自分がやってきたことが正しかったと証明できた。

「敬太さん、こんなときだからこそ恩返しさせてください」

周囲にもそういう気持ちで応援してくれた人が多かったので、批判されながらもそこは無我夢中にやって良かったと心の底から思っている。

あと一つ、クラウドファンディングでのエピソードを話させていただく。

僕には秘書がいる。コロナ禍での会社の赤字で、少しばかり秘書も減給した。

それでも秘書は「こんな中、給料をいただきありがとうございます」と言ってくれた。

なんとその秘書が、僕がクラウドファンディングをやった瞬間、自分の給料の半分以上を出して応援してくれたことを知った。

そのとき僕は、自分の不甲斐なさ、そして器の小ささに気付いた。僕が給料を減額したのにもかかわらず、秘書は応援してくれた。

もちろん、次の月の給料は倍額を振り込んだ。

損して得を取れ！

——僕はいつもそう教えていた。

ここで僕がこの言葉に説得力を持たさないと、人として終わる気がした。

今でもあのときのことは忘れない。本当にいろいろな気付きを与えてくれて感謝している。


若い人が自発的に集まり、互いに学び合い、互いに高め会える場所、現代版の寺子屋を作りたくて、僕はクラウドファンディングに挑戦した。

でも、正直な話、僕がクラウドファンディングをスタートさせたとき、陰でいろいろと批判があったのを僕は知っている。

「みんなにお金を出してもらって、ホントは金ないからやってるんちゃうか！」

——散々、そんな陰口を叩かれた。当然、僕の耳にも入ってきた。

しかし、結果的には当初予定額の三倍近い金額を応援してもらえた。しかも、日本最速記録というオマケ付きでだ。要するに、批判を結果でねじ伏せたのだ。

では、それができたのは何故か？　――やはり、答えは「信用」という名のポイントがたくさん貯まっていたからだと思う。言い換えれば、自分が今まで生きてきた生き方の〝答え合わせ〟の結果が、クラウドファンディングに現れた。

身銭を切ってまで、辻敬太という一人の経営者を応援してくれる人がたくさんいたのは事実だ。今まで僕は、僕を応援してくれている周囲の人たちを少しも疑ったことはなかったが、それが改めて分かったと言っても過言ではない。

「敬太さん、応援してます」

「敬太さんの夢は僕の夢です！」

そんなふうに応援してくれていた人たちが、クラウドファンディングも応援してくれた。

批判している人間が散々言っていたように「どうせ集まらない！」「あいつを本当に応援している人間なんていない」……といった言葉が本当だったら、このような記録は実現できなかったはずだ。

先ほど書いたように、人生はポイントカードみたいなもので、人にお金を使えば自分にポイントが貯まる。そのポイントが信用だ。

起業家を目指すなら絶対に信用を付けないといけないし、その信用は財産になる。

そして、信用というポイントはお金に換金できるときがくる。その一つの例が今回のクラウドファンディングだった。

僕のこれまでの経営者人生は間違いじゃなかったことが証明されたし、仲間を大事にしてきた僕のやり方は正しかった――それがはっきりと分かった瞬間だった。

自分の三二年間の人生の答え合わせができたので、クラウドファンディングをやって本当に良かったと思っているし、応援してくださった方々には本当に感謝している。

この場を借りて、改めて「ありがとう」の気持ちを伝えたい。

国内最速記録でクラウドファンディング最高支援額を達成
「寺子屋東京」で若者に実学の場を！

熱意は磁石――
本気の人間の元には
本気の人間が集まる

こうして、クラウドファンディングの目的だった「寺子屋東京」は二〇二一年春に東京・五反田にオープンした。

木のぬくもりが感じられるデスクに、心を落ち着かせる観葉植物のグリーンが目にも優しい洒落たカフェのような造りとなっている。

オンラインサロンのメンバーは無料で二四時間自由に使えるし、メンバーでなくても会員になればいつでも自由に利用することができる。また、室内には個室もあるので、レンタルオフィスとしても使える多目的な空間となっている。

集まったメンバーが気軽にコミュニケーションを取りやすいコミュニティスペースを実現することができた。

先ほど書いたように、僕は昔から学校を作りたいと考えていた。

もちろん、僕が作るからには、単純に義務教育や高校、大学の延長線上にあるような普通の学校ではない。僕が考える学校――それは実学を教える場であり、起業という同じ志を持つ仲間と切磋琢磨する場でもある。

歴史を遡れば今から一六〇年ほど前、福沢諭吉や坂本龍馬といった幕末から明治維新にかけて日本の歴史を大きく動かした歴史上の偉人たちがいる。

彼らの人生に共通しているのは何か？

それは佐久間象山や吉田松陰といった強い影響力をもった学者・思想家が、未来の日本を作るために自費で開いた「私塾」に若くして通っていたということだ。佐久間象山であれば「象山書院」、吉田松陰であれば「松下村塾」と言ったところだ。

こうした私塾の歴史は長く、元をたどると、古くは寺で読み書き算盤を教えていた「寺子屋」にたどり着く。僕は、こうした私塾を現代に蘇らせたかった。そして、未来の日本を僕と一緒に作っていく若者を育てたかった。

だから、寺子屋東京と名付けたわけだし、その教えは〝自学と学び合い〟だ。

寺子屋東京は、教師が教壇に立って大勢の生徒に教えるような形ではなく、自分から率先して学び、分からないことがあれば知識の豊富な仲間に聞いたり、教え教えられたりしながらあくまで主体的に学べる環境だ。

現代日本には、数学や社会、国語など勉強を教えてくれる学校はいくらでもある。また、専門分野の勉強をしたければ、専門学校も星の数ほどある。

しかし、それで十分と言えるかというと、そうではない。僕自身が教育を受け、社会に出て苦労した経験から、学校で学んだ知識より、世の中での生き抜き方や起業の仕方、上手な人との付き合い方の方が、社会でよほど必要とされていると分かった。

僕は常々、知識より知恵が必要だと言っている。

知識は勉強すれば身に付けることができるが、知恵は経験からしか身に付かない。僕自身、知識よりも経験を大切にしてきた分、どんな困難にも対応できる対応力、アドリブ力、何より知恵が付いた。

今挙げたような社会に出てから必要なこと=知恵を教えてくれる学校は、実は非常に少ない。少ないからこそ、僕が自分のこの手で作りたかった。

これからの若い子たちは、この寺子屋東京を積極的に利用して、今まで以上に自分のやりたいことや、仲間との横のつながりを作って起業に生かしてほしい。

そして、何より、この素晴らしい寺子屋東京という環境をもっともっと多くの人に知っていただきたい。寺子屋東京は、将来、社会に大きな影響を与える起業をしたいと考えている若者が自発的に集まり、お互いに学び合い、準備をしていく場になると思う。

その一方で、僕のネットワークには、事業計画書の書き方や資金調達の方法、税金の知識などに詳しく、丁寧に教えてくれる専門家の先生もいる。気軽に相談に乗ってもらえるような人生の先輩や、起業家、経営者の方との出会いの機会も増やしたい。世の中には僕が尊敬する凄い経営者や起業家の先輩がたくさんいる。そうした人々に出会って切磋琢磨し、若者の夢の実現を応援してもらえる環境にしていきたい。

また、シェアオフィスとしても使えるので、起業するときの登記場所としても使えるからスタートアップには最適だ。

もちろん、僕も時間の空いたときには寺子屋東京にいる。ユーチューブの撮影をしたりしているので、他のどこよりも僕と会う機会が多いかもしれない。もし起業することに関して何らかの悩みがあって、そんなときに僕を見掛けたら、どんどん声を掛けて質問攻めにしてほしい。時間の許す限り答えたい。

人間というのは環境の生き物だから、環境で全てが変わる。だから、この寺子屋東京でいい方向に環境を変えてほしいと願ってもいる。

ここでマラソンを思い浮かべてほしい。

人生はマラソンのようなもので、マラソンの場合、一つ特徴があって、それは、足の速い集団の中で走ると、つられて良いタイムが出るということだ。

はっきり言って、楽なのは足が遅い集団と走った方だ。そこそこのタイムが出て、一番を取れる確率も高くなるから。でも、それは遅い中の一番でしかない。

より早い中でチャレンジして走った中での最下位の方が、全然、伸び代があると僕は思う。人間関係もマラソンと同じだ。

幸いなことに、起業サロンのメンバーも、寺子屋東京のメンバーも、より意識の高い人たちが集まってくれている。そこで揉まれれば、段違いに成長できる。

寺子屋東京で、小学校、中学校、高校、大学で教わらなかった知恵を学べばいい。信用の貯め方だったり、お金の稼ぎ方だったりは、絶対に学校では学べないだろう。そういうオリジナルの極意を今からチャレンジする人に伝えたい。

当然、僕も講義するし、各業界のスペシャリスト、成功されている方に講義をしてもらったりすることもある。今からワクワクが止まらない。

それ以外にも、メンバーの出会いの場であり、切磋琢磨できる場になったらいいと考えている。意識も経験値も高い仲間に囲まれれば、きっと誰だって背伸びがしたくなるし、背伸びだけでなく、もっと成長したいと願うことだろう。

そうでないと、これからの世の中は生き残れないからだ。

起業サロンや寺子屋東京で揉みに揉まれて、高い意識を持って挑戦してほしい。それが僕の若い子たちに心から言いたいことだ。

——動乱の幕末に、日本の未来を考えて行動した若者たちが学んだ私塾のように、この寺子屋東京から、将来の日本を変える人物が生まれてほしい。

そういうやる気のある仲間たちと、僕は一緒に仕事がしたい。

熱意があるところ、本気があるところには必ず同じ志を持つ人が集まって来る。

熱意は磁石――僕はいつもそう言っている。

類は友を呼ぶという言葉があるように、熱意のある人間には熱意のある人間が、本気の人間のところには本気の人間が集まって来る。当然、反対に、本気じゃない人の元には本気じゃない人が集まって来る。

これは人間社会の〝理《ことわり》〟と言ってもいい。

僕自身が本気の塊、やり抜く力の塊だから、たくさんの本気の人が僕のところに集まってきてくれている。

これまでの三二年間で一番思ったのは〝一人では夢は叶えられない〟ということ。一人ではどんなに強く願っても夢を叶えるのはなかなか難しい。でも、そんな夢を叶えるためには唯一いい方法がある。

――一人の夢を、みんなの夢にすることだ。

たとえば、今の若い子の中には、自分には夢がないという人もたくさんいる。僕は会社の求人面接もするし、それ以上に、たくさんの若者と会っているからよく分かる。

僕より若い子たちは夢がない人が多い。求人面接でよく、こんなことを言われる。

「何になりたいの？」

「うーん、分からないです」

「夢は何なの？」

「いや、ないです」

……だったら、夢がない人はぜひ、僕の夢に賛同してほしい。

僕の夢をかなえることをその人の夢にしてもらえれば、すごく楽しい人生を歩める自身があるし、挑戦するのが楽しくなるはずだ。

実際、僕の会社の仲間はそう思ってくれる人も多い。

夢がないのだったら、自分の夢が出てくるまで、僕の夢や、僕の会社の夢を自分自身の夢にしてくれればいいと言っている。それを今日から自分の夢にしてほしいと――。

そうすれば、やることが明確になってくる。

頑張っているその途中で、もし、自分の夢が見つかったら、今度はその夢を追えばいい。

「そのときは、僕らも君の夢を僕らの夢にする。だから、一緒に夢をかなえよう」

僕はいつもそう言っている。

それが僕の会社の社員たちが頑張れる理由だし、このコロナ禍で僕の会社がV字回復できた理由としてはそれが大きい。

確かに、しんどいと思うときもある。

自分一人の夢じゃないということは、僕が諦めてしまうとみんなが諦めざるを得なくなるから、そこはしんどい。仮に自分一人の夢だったら、〝これ無理だな〟と思ったら退けばいい。でも、自分一人の夢じゃないと分かっているから、絶対に退かない。巻き込んだ分だけ背負うものも大きいし、巻き込んだ者は巻き込まれた者に対して責任がある。

でも、僕にはそのプレッシャーが楽しくて仕方ない。まだまだプレッシャーを楽しむ余裕があるから、どんどん夢に挑戦していきたい。

どうせいつか死ぬ！
結末を決めて
逆算する生き方

どんな人生を歩んでも、どうせ誰もが最後は死ぬ――。

ここまで書いてきたように、新型コロナウイルスの感染拡大でピンチに陥った二〇二〇年、僕は実業の分野で大暴落と大復活の両方を成し遂げた。

その一方で、オンラインサロンはもちろん、クラウドファンディングに挑戦して寺子屋東京を作り、ユーチューブやニコニコ動画などＳＮＳを活用して攻めに出た。

実に濃密な三六五日だったが、そうした濃密な日々の中で、僕の脳裏に浮かんだのはこの言葉だった。

そうした〝覚悟〟があったから、僕は再び立ち上がることができた。

だからこそ、恐れずに挑戦してほしいし、チャレンジすることを忘れないでほしい。

どんな人生を歩んでも、いつかくたばるのは平等だから、思い切って生き抜いてほしい！

世の中、生きていると、家のことや人間関係、仕事など、しんどいことや苦しいことがたくさんある。でも、そんなに重く考えないでほしい。

今、悩みがある人はたくさんいると思うけど、あまり重く考えるな。

〝どうせいつか死ぬんだから！〟くらいの気持ちで、失敗を恐れずに挑戦してほしい。

僕自身、生き方よりも死に方を考えている。

極端なことを言えば、いつ死んでもいい人生を歩んでいるし、正直言って、今のしんどさが続くなら、死んだ方が楽だと思うときもある。

ただし、僕がそう思っても、思わなくても、人間、最後は死ぬ。

それが真理だ――ということは、やはり死んだときに全ての答えが出る。だから、僕は死に方を意識している。

しかし、僕のように考える人は少ないようで、たいていの人間は、〝どう格好良く生きるか〟しか考えていない。しかし、どう格好良く死ぬかを考えれば、結果として格好良く生きないといけないことが分かる。

だから、まずは「答え＝死」から決めていった方がいい。

最初に問題があって、それを解いて答えが出るのではない。

最初に答えを決めて、その答えが〝格好良い死に方〟だったら、その格好良い死に方に至るためには何が必要かを解き明かしていくように生きるということだ。


もっと分かりやすく説明すると、漫画家や脚本家には、結末を先に決めてそこからストーリーを導き出して描き始める人と、結末は考えずにストーリーを書き進めながら、最終的に結末を決める人の二種類がいるという。

その二つで言えば、僕は前者だ。先に答えを決める。ゴール＝夢を決めて、そこから逆算して実行していく。

まあ、周囲の人間からは全くその逆に見られているようだが……。

とにかくアクションを先に起こして、それからゴールを決めていくタイプのように見られがちだけれど、実は既にゴール＝夢は決まっている。

とにかく格好良い死に方、人にモテまくって死ぬというゴールは決まっているから、じゃあ、そのためにはどうすればいいかという生き方を実践している。「死ぬこと以外かすり傷」という言葉があるが、僕からしたら、死ぬことすらただのかすり傷だと思っている。

いつ死んでもいいじゃないか――それくらい日々を全力で生きているから後悔はない。みんなもそれくらい毎日、毎日、後悔しない生き方をしてほしいし、そのためにはどんどんチャレンジをしてほしい。

以前、七〇歳~八〇歳のおじいちゃん、おばあちゃんに「人生で後悔したことはありますか?」というアンケートを取った結果、九〇パーセント以上の方がこう答えたという。

「若いときにやりたいことや気になることに挑戦しなかったこと」

これも〝勇気は一瞬、後悔は一生〟の言葉通りで、それくらい若いときに挑戦しなかった後悔というのは残る。僕はやらない後悔より、やって後悔した方がいい。

そして後悔しないように、全てを正当化する生き方をするしかない。

全ての保険の積み立てを
四〇歳満期に
生きてきた答えは
死んだときに出る

常に死に方を意識していると書いたが、では、どんな死に方をしたいか——。

僕はいつも格好良い死に方を意識しているので、残りあと一〇年、四〇歳ぐらいで、〝もうちょっと、辻敬太の生きざまを見てみたかったな〟と周りから残念がられるくらいの時期に人生を閉じたいと考えている。

僕の予想でも、ちょうどその頃に全盛期を迎えるのかなと思っている。

間違っても、盛りを過ぎてから死を迎えて、〝こんな辻さんを見たくなかった〟〝もっと早く死んでいればヒーローになれたのに〟……などと思われたくはない。

それよりは、人生MAXのときに絶命して〝敬太さんは伝説になった〟と思われたい。

まだまだケツの青いクソガキなので、あと一〇年もあれば、ある程度立派な大人になれているかなと思う。そのときくらいに自分のＭＡＸを迎えたいものだ。

よく、三二歳で既に一周回ってブランド物に興味なくなったりだとか、いろいろな欲がなくなったりしているのだから、四〇歳になったときには果たしてどんな大人になっているのだろう……などと言われる。

そんなふうに言われるけれど、おそらく、あまり変わっていない。

語弊を恐れずに言わせてもらうと、五〇歳、六〇歳まで生きたいとはあまり思わない。

とりあえず、第一フェーズの目標としては、せいぜい四〇歳ちょっとで死にたいと思っている。その代わり、そこまでは全力疾走で生きる。

良くも悪くも僕という人間は、細かな人生の設計なんて組み立てていない。もちろん、あくまで大枠は決めているが……。

ボクシングで言えば、一ラウンドから一二ラウンドの内、とりあえず三ラウンドまでは全力で行く。前半は様子見とか、後半に力を温存するとかというプランは僕にはない。

そして、四ラウンド以降の戦い方は三ラウンドが終わった時点で決めればいいと考えている。最後は気持ちで戦うタイプなので、とりあえず僕の人生の区切りとしては、四〇数歳で死を迎えてもいいと思っている。

まあ、その時点で結婚していて大切な子供が生まれたりしたら変わってくるかもしれないが、今、僕は生命保険の積立の満期を全て四〇歳にしている。

これは、日本人男性の寿命である約八〇年の半分で、一生分を生きるということだ。生き急いでいるわけではないが、それくらい、一日一日を生きることはしんどいし、一日二四時間戦っている。おそらく、このペースの戦い方をしていたら、それ以上は体がもたないと分かっている。

でも、あと一〇年と言ったら三六五〇日だ。三六五〇回寝たら人生が終わると思えば、後悔しないように生きるしかない。泣いても笑っても三六五〇回寝て、三六五〇日みんなで笑ってご飯を食べたら人生が終わると思えば、絶対、挑戦するはずだ。

だから、僕は自分の人生をそう設定している。

残り三六五〇日を、死ぬ気になって一生懸命全力でやるしかない。

そして、三六五〇日生き抜いた後に果たしてどういう景色が見えるか？

それはそのときにならないと分からない。果たして〝疲れた、もういいや〟と思うか、〝もっと上を目指そう〟と思っているか。あるいは、そのときに大切な人ができていて、〝その人を守るためには死ねない〟と思うかは、そのときになってみないと分からない。


これは富士山の登山と一緒だ。

富士山だって、頂上に登ってみないとどんな景色が見えるかは想像できない。

登る前に登り方は考えないし、もちろん、全力で登る。

頂上に立った瞬間、〝また違う景色を見に行きたい〟と思うのか、〝もうこの景色で十分満足した〟と思うかは、そのときになってみないと分からない。

そのとき思うことは、そのときの感情に任せたい。


果たして自分が四〇歳になったときに何を考えているか？

きっと、その頃も好きなことに挑戦していると思う。人生は思い出作りなので、一つでも多くの思い出を作った人間が勝つ。

最初に書いたように天国には何も持っていけないので、それまでたくさんの人と笑ったり、泣いたりしたい。そのためには挑戦しないといけない。

そもそも、僕の人生、成功しているとか一切思っていない。

成功者より成長者、成功したいと思っている人生ではなくて、成長したいと思っている人生なのだから。

とにもかくにも日々を戦って、日々、成長することしか考えていない。成長に限界はないのだから、死ぬ間際も一番成長した自分で死にたい。

死に方を考えれば
生き方が決まる
人生で一番MAXのときに
死にたい

僕の夢は人にモテること——これはもう何千回、何万回も言っているから、聞く方は耳にタコができていることだろう。

では、人にモテるとはどういうことなのか?

モテるのとらえ方は千差万別だが、僕にとって人にモテるということは、究極、死んだときにお葬式に何人の人が来てくれて、何人の人が涙を流してくれて、何人の人が線香を上げてくれるかだ。それが僕にとってモテるということだ。

でも、僕がモテたいと言い続けていることの結果は、死んだときにしか分からない。

そこで、自分の死に方をもうちょっと深掘りしてみたい——。

どう生きようとか、どうしようかとか考えるのではなく、ズバリ、自分の死ぬ姿を思い浮かべるわけだ。

普通、人は死を意識しながら生きることはない。

しかし、新型コロナウイルスの感染拡大で、二〇二〇年ほど死が身近な年はなかった。だからこそ、自分の死に方を考えて、そこから逆算して行動してほしい。死は誰にも絶対に訪れるものなのに、誰も準備しない。それは、死を恐れているからだ。考えたくもないから準備しないのだ。

僕は常に死を意識しているから、全力で生きるし、後悔もしないし、死も怖くない。今日に未練を残さず、二四時間本気で戦えば、怖いものなどない。

〝俺って何がしたいんだ？〟と考えたときに、やはり、格好良く死にたいと思った。人生の最後の最後のイベントはお葬式だ。人生のフィナーレとも言える。

赤ちゃんで生まれて、〝おギャー〟と泣いてから、学校に入って卒業して、仕事を始めて、結婚式があって、子供が生まれて、子供が社会人になって……などとさまざまなイベントがある。でも、結局、人生で最後のイベントは誰もがお葬式だ。

もちろん、どんなお葬式にしたいかは、人それぞれだ。

たくさん人が集まる葬儀場でやるか、それとも、シンプルに身内だけでやるかを選択すれば、自然とどういう生き方をしたいのかも分かってくる。それくらい、死に方と生き方は連動している。

僕は人にモテたいと言い続けているが、その答えは死んだときにしか出ない。

大切なのは生き方より死に方で、死んだときに大勢の人に送ってもらいたいと思ったら、そうなるように生きることが必要だ。今、しっかり人のために生きて、人から愛されていないと、死んだときに僕が望むようなお葬式はできないだろう。僕はそんな死に方は嫌だ。

逆に、今日死んだら、お葬式にたくさんの人が来てくれて、全員が盛大にワーワー泣いてくれるんだったら、僕は今日、今、この瞬間に死にたい！

それが五年後だったら五年後に死にたいし、それが四〇歳のときだったら四〇歳のときに死にたい。でも、それが八〇歳、あるいは一〇〇歳だったらそこまで生きたい。

さっきも書いたように、僕は自分の人生がＭＡＸのときに死にたい。

常に自分のＭＡＸはいつなんだろうと思って生きてはいるが、経営でも恋愛でも、何か成し遂げて凄くいい気分になるとき、ふと死にたくなる。

二〇〇九年四月一日、「Ｋ―１　ＷＯＲＬＤ　ＭＡＸ」の記者会見で、当時、世界王者だった魔裟斗選手は、今の僕より二歳下の三〇歳で引退を宣言した。

そのときの会見で、魔裟斗選手は「引退の仕方には負けてきっぱり足を洗う形、最後まで現役に執着する形、一番強いときに辞める形の三つがあるが、僕は一番強いときに、まだもっと見たいと思われながら辞めたい」と語った。

僕もナルシストだから、魔裟斗選手の気持ちがよく分かる。周りの人間から常に格好良く見られていたいから、めいっぱい格好付けて死にたい。

仮に、僕にとって一番強い日が今日だったら、今日死にたい。

「あ、今日死んだら、俺、めっちゃ気持ちよく死ねるな」

――何か成し遂げた日は特にそう思う。

極論すれば、生き方を格好良く生きるより、死に方を格好良く死にたい。

生きるって、誰でも意識すれば普通に良く生きられると思う。でも、格好良く死ぬことはとても難しいし、逆算して生きることも難しい。多分、相当格好付けた生き方をしていないと格好良く死ねない。

地味なお葬式にしたいから地味に生きるならいいが、盛大なお葬式にしたいと願って盛大、いや、格好良く生きてきたつもりが、いざ、僕が死んだら参列者が少ない地味なお葬式だったというのでは、絶対成仏なんかできやしない。

だから、僕が死んだときはぜひ東京ドームでお葬式をやってほしい。

バックスクリーンに僕が出ている映像を延々流して、三万人も四万人も集めて、盛大に盛り上げてほしい。

それくらいやる覚悟でいたら、人生、何にでもぶつかっていける。

生き方も大事だが、それよりも僕は、やはり死に方を決めている。生き方すら死に方を見据えて実践している。

たくさんの人に涙を流してもらって、たくさんの線香を立ててもらえるお葬式を迎えるには、やはり、たくさんの人に愛されないといけないし、たくさんの人に頼りにされないといけない。

そうやって死に方を決めておけば、おのずと生き方も変わってくる。それもまた、答え合わせで、僕の生き方というのは死んだときにやっと答えが出る。

だから、今から死ぬのがすごく楽しみだ。東京ドーム、いや新国立競技場あたりで盛大なお葬式ができたら最高だと思う。


東京ドームでも、新国立競技場でもいいが、果たして、そこで何人の人が心から僕のことを悲しんでくれるだろうか？

「敬太さんがいないと無理ですよ！」

「これからどうやって生きて行けばいいんですか？」

――涙ながらにこの言葉を何人に言わせるかだと、僕は考えている。

たくさんの人に言わせるには、たくさんの人に頼りにされないといけないし、愛されないといけない。だから、愛される、モテる生き方を積極的に選んでいる。

結局、大切なのは生き方ではなく死に方だ。

生き方ばかり気にして、人に笑われたりだとか、人にバカにされたりだとか、批判されることを恐れて、こそこそ生きるんじゃだめだ。

〝自分は最後、どういう死に方をしたいのか？〟

その死に方だけはブレずに自分で決めておけ。

それが決まったら、どういう生き方をするかもはっきりする。それが分かれば周囲の声なんて聞こえないだろう、自分を信じて生きるしかなくなるんだ。

少年のまま生きて、
少年のまま死にたい
正義は必ず最後に勝つ——

正義は必ず最後に勝つ——これは僕の大好きな言葉だ。

こんなことを書くと「中二病」と言われるだろうが、全然言われてもかまわない。そもそも、元から僕は自分のことを中二病だとあちこちで明言しているし、周囲の人間は耳にタコができるくらい聞かされているだろう。

きっと、僕の心は少年のままなんだと思う。少年漫画の主人公と言ってもいい。これはもう何度も書いているように、たまに大阪で昔の友達に会うとこう言われる。

「敬太は、ほんと昔と変わらないなあ」

確かにそうだ。昔も今も、三〇年近くモテることを目標にして生きているのだから。良く言って中二病、悪く言っても中二病で、僕は中二病のまま死んでいくに違いない。

もっと中二病の話をすれば、僕は中学生の頃、しょっちゅうけんかをした。けんかについては持論があって、たとえ負けても僕自身が負けと認めなければ負けたことにはならないというマイルールがある。

「もう無理！」「ギブアップ！」

そう言ったら負けだが、それを言わない限り、僕は断じて負けていない。

その逆に、諦めたら負けだと思っている。ビジネスでも「もう辞めます」と言った瞬間に終わるし、会社経営も「倒産します」となったら負けだ。

しかし、たとえ一時的に悪くなっても、結局、復活すれば負けではない。それは諦めていないからだ。

人生というものには絶対に波がある。

景気でも株でも、仮想通貨でも波がある。株で言えば、上がっているときに買って下がったら負けかもしれない。だが、一時的に見れば負けでも、その後、上下しながらでも株価が買った金額以上に上がれば、長期的に見て結局は勝ちとなる。

――大事なのはそこだ。

短期決戦であればそこで勝たないといけないが、人生は長期戦なので、上がり下がりはあるかもしれないが、最終的に右肩上がりでいけば勝つということだ。

僕は絶対に負けを認めないから、見る人から見たら諦めが悪い人間なのかもしれない。でも、それを恥ずかしいと思ったことは一度もないし、諦めが悪いからいけるときもある。

恋愛だって、高校生のときに失恋した相手に一〇年後、再会したら恋人になれたようなケースもある。高校時代は負けでも、長い人生では勝ったわけだ。

野球だってそう。一回の表に一〇点取られても、九回終わってゲームセットになったときに勝っていれば、その試合は勝ちだ。

人生は生まれてから死ぬまで、死ぬときをゲームセットとすれば、そのときまで諦めなければ負けではない。僕は断じてそう思う。

そんな中二病だからこそ、僕はたくさんの後輩に慕われるのかもしれない。

大人の世界はどうしても汚い部分と無縁ではいられない。でも、僕はそんな世の中が大嫌いだ。陰で姑息な手を使うのではなく、正々堂々と殴り合えばいい。

そして、殴り合った後はノーサイドで、がっちり仲直りすればいい。

それなのに、いい歳をした大人が裏でコソコソ陰口を叩いたり、人をネチネチ批判したり、嫌がらせをしたりする。

そんな大人が実に多い。もう、そんなことはやめて、文句があるなら表に出てきて、堂々と殴り合いをしようじゃないか。

この本を読んで若い子たちが少しでも生き方を変えてくれたら、僕は嬉しい。

僕は、少年のまま生きて、少年のまま死にたい――心の底からそう思っている。

そして、正義は必ず最後に勝つと本気で思っている。ちゃんとコツコツしっかりやっていた人間は、最後には必ず勝つ。

――それこそがこの世の真実だ。いや、真実でなければならない。

悪が勝ったら世の中は終わりだから、絶対に、正義が勝たないといけない。

正義、つまり、嘘をつかず人のためにビジネスをやっている人が勝たないといけない。

だから僕は従業員に対しても本気で向き合っているし、サロン生に対しても本気で向き合っている。そこには嘘偽りは絶対にない。

もちろん、僕だって人間だから、失敗をすることもある。でも、それを人のせいにはしないし、失敗したら自分で責任を取るだけの話だ。

何度も言っているが、僕は失敗も多い。何故なら、人より何倍も多く挑戦しているんだから。批判される覚悟でリスクを背負って何度も、何度も挑戦している。

だから、批判する人間も、一度や二度の失敗くらいで叩いてくるな。

そもそも批判する人間が失敗しないのは、もともと挑戦していないからだ。自分は失敗しないと良い気になるな。

そもそもお前は挑戦していないのだから、それで自分は失敗しないなどと大きな口を叩くな。僕を批判する前に、そのことに気付いてほしい。

アンチ上等！　そもそも周りから批判や邪魔されたくらいで諦めたり、考えが変わったりするぐらいの夢ならば、最初から挑戦していないし、夢も語らない。

失敗すれば叩く人は多いし、人の不幸を喜ぶ人もたくさんいる。

でも、失敗は全然悪いことだと思っていない。失敗はしても、その失敗を正当化するのがプロの経営者だと思う。失敗した後が肝心だ。

僕の人生だって、これからまだまだ長いんだから、まだまだ失敗する。

でも、その失敗も、転《こ》けたという事実も正当化してきたから、これからの人生でも起きるであろう失敗だって、必ず正当化して、失敗して良かったと思える日を創らないといけない――それが僕の覚悟だ。


その一方で、ここ数年、年々、顔が優しくなっていると言われる。

それはやはり、コロナ禍があったからだと思う。コロナ禍でつまずいても、それでも味方してくれる人がたくさんいた。従業員やサロン生には感謝している。自分だって厳しいわけで、みんなが辛いし、不安だったと思う。経済が止まっているのだから。

でも、そこで離れる人がいなかったし、逆に僕自身が勇気付けられた。

「ありがとう!」

そう言ってもらえることが多かった。お陰で本当に大切なものが分かった。

人に優しくされたときに自分の小ささを知るというけれど、〝もっと一皮も二皮もむけなあかんな〟と自戒したというのが本音だ。

この一年、今までの人生の中、一番、本気で生きてこられたと思う。まだまだ三二年という短い人生だが、その中でも一番成長させてもらったのが二〇二〇年だった。

僕に付いてきてくれているたくさんの人たちも、僕に共感してくれているから付いてきているに違いない。

〝あの人、失敗してもどうせ、その失敗をプラスに持っていく。だから、あの人は失敗した後が強い！　負けた後のあの人は強い‼〟

──みんな、そう思ってくれているに違いない。

人生は最終的に勝てばいい。

敢えて言おう、辻敬太は負けた後が強いと。そして、正義は最後に必ず勝つ……僕は常にそれを肝に銘じている。

おわりに

この本を最後まで読んでいただき、ありがとうございました。

僕がこの本で一番伝えたかったことは、僕自身も山あり谷ありの人生で、過去に過ちもあれば、失敗もある。そして、その度に叩かれる人生だ。立ち上がればまた笑われて、バカにされる、そしてまた叩かれる、順風満帆な人生では決してない。

ただ、とことん谷底に落ちた人間にしか高い山は登れない。嫌なことやしんどいことから決して目をそらさないで、逃げないで、真っ向から戦ってほしい。

本当に毎日苦しいし、しんどいけれど、諦めなければ、夢に挑戦すれば、必ず良いこともあるということ。

信じられないことは信じることから始まる。

少なくとも自分を信じ抜いてきた結果、この本を手に取っていただき、最後まで読んでいただくことができた。

どんなにうれしいことがあっても、どんなに苦しいことがあっても、どうせいつか死ぬ。天国には何も持っていけない。

だから挑戦してほしい、チャレンジしてほしい、転《こ》けたからって諦めないでほしい、そして、最後までやり抜いてほしい。

落ち込んだり、悲しんだりするときでも、いつもどんな裏側にも太陽がある。太陽が輝く限り希望も輝く。僕は、どんなときもみんなの太陽でありたい。

「人生は二回ある」とも言われている。

一回目は生まれたとき、そして、二回目は今、あなたが変わろうとしたときだ。

辻《つじ》 敬太《けいた》（人材育成家）

少年時代から一心不乱に野球に打ち込み、プロを目指し高校は岡山県、大学は福岡県で練習に励む日々を送っていたが、大学卒業を機に夢を断念。地元の大阪に戻り、不動産会社に勤めながらバーで働くなかで起業を決意し、2016年に飲食事業を軸に起業を果たす。“人に投資する技術”を活用し、翌年2017年には「EARTHホールディングス株式会社」を設立。わずか2年半あまりで、全国に飲食店約50店舗を出店する企業に成長させた。2019年には美容、エステ事業を軸とする「WHITEグループ」を立ち上げ、2年足らずで日本全国に美容室、エステサロン、アイラッシュサロン、フィットネスジムなど40店舗以上を展開している。同じく2019年にスタートした起業家育成サロン「辻敬太起業サロン」は、2019年11月の著名人オンラインサロンランキングで、キングコング西野氏の「西野エンタメ研究所」、堀江貴文氏の「堀江貴文イノベーション大学校」に続き第3位にランクインした（テレビ東京調べ）。2020年6月には、自身初となるクラウドファンディングをクラウドファンディングサイト「CAMP FIRE」上で行い、開始24時間以内に目標額の1,000万円の支援を達成。ビジネス・起業カテゴリープロジェクトとしては、歴代2位となる支援総額を達成した（最終支援金額2800万円）。

《メディア出演実績》 テレビ東京／「池上彰とニッポンの社長100人大集結SP」「スピーチNo.1決定戦〈Speech !〉各界から話術自慢9人が大集結」「じっくり聞いタロウ」、テレビ朝日／「かみひとえ」、日本テレビ／「サンバリュ鬼の錬金マスター」、京都テレビ／「辻敬太のハピジャパ」、「京bizX」／ AbemaTV「『会社は学校じゃねぇんだよ』放送直前SP特番」、ハースト婦人画報社「Men's Club」

《著　書》『「人に投資する」技術!!（辻敬太の経営哲学）』（オフィス・アトランダム）、『人生巻き込んだ者勝ち』（万来舎）

装幀：薄　良美
本文デザイン：大関直美
編集協力：萩原忠久

どうせいつか死ぬ
僕には僕にしか伝えられないことがある

2021年5月13日　初版第1刷発行

著　者：辻　敬太
発行者：藤本敏雄
発行所：有限会社万来舎
〒102-0072　東京都千代田区飯田橋2-1-4　九段セントラルビル803
電話　03（5212）4455
Email　letters@banraisha.co.jp
印刷所：株式会社光邦

ISBN978-4-908493-48-5